KB214246

창의적 사고력을 키워주는

SW코딩자격 2급 with 엔트리

시험 유형을 완벽히 분석한 실전 연습문제 제공
실전 모의고사 7회분 제공(시험 풀이 파일 홈페이지 제공)
파트별 시험문제 유형 문제풀이 방법 수록

송복민·이전공·박경준 저

창의적 사고력을 키워주는
SW코딩자격 2급 with 엔트리

저자	송복민, 이전공, 박경준
초판 인쇄	2018년 8월 1일
발행처	이한미디어
발행인	한두희
기획	박경준
편집	이재덕
디자인	인지영
주소	경기도 고양시 일산동구 장백로 8, 넥스빌 205호(백석동)
전화	031)906-0008
팩스	031)931-9876
등록 번호	제410-2007-000159호
등록 일자	2007년 4월 4일
ISBN	978-89-93163-46-9 13000
가격	16,000원
홈페이지	http://www.ehan.co.kr
이메일	help@ehan.co.kr

잘못 만들어진 책은 구입하신 곳에서 교환하여 드립니다.

이 책의 일부 혹은 전체를 복사하거나, 배포한 자에 대해서는 저작권 법 제136조에 의해서 5년 이하의 징역 또는 5천만원 이하의 벌금에 처하여 질 수 있습니다.

PREFACE

오늘날 4차 산업혁명은 큰 이슈로 회자 되고 있습니다.

그 과정과 변화는 아직도 윤곽을 만들어 가고 있는 중이며, 급변하고 있는 사회의 모습에 맞게 사회 다방면에서 준비하고 해결해야 할 문제들이 늘어나고 있습니다.

이러한 변화 속 미래의 주역이 될 우리 학생들은 문제해결의 중심이 되고 있습니다.

교육의 변화는 앞으로 맞이할 4차 산업혁명 시대의 근본적인 해결 방법이 될 것이며, 사회 전반은 올바른 방향성을 찾기 위해 노력해야 할 과제가 있습니다.

'코딩' 교육은 위 과제의 방향성을 제시해줄 큰 줄기가 될 것입니다.

미래사회는 컴퓨터처럼 생각하는 컴퓨팅사고가 우리 삶의 방식이 될 것이며 이것은 교육을 통해 꾸준히 오랜 세월 준비하고 정착시켜야 합니다.

한국 생산성본부에서 개발한 SW코딩자격은 4차 산업혁명을 맞이할 코딩교육 과정의 핵심을 분석하여 만들어낸 자격과정입니다. 컴퓨팅 사고력을 통하여 주어진 상황별 문제를 창의적이고 효율적으로 해결할 수 있는 방법을 찾도록 하였으며, 알고리즘 자동화를 위한 블록형 프로그램의 코딩을 통해 결과를 구현 할 수 있도록 자격 과정을 구성 하였습니다.

본 교재는 SW코딩자격과정 2급 학습의 전반적인 내용을 보다 쉽게 이해할 수 있도록 학습과정을 제시하고 있으며, 연습문제를 통해 확인학습이 가능하도록 구성하였습니다. 구현되는 결과물도 중요하지만 문제해결 과정의 창의적 코딩이 될 수 있길 간절히 바라는 마음으로 내용을 채워 나갔습니다.

4차 산업 혁명을 맞이할 우리 학생들이 올바른 코딩교육으로 근본적인 문제해결 능력이 갖추어진 인재로 성장하길 기원합니다.

송복민 · 이전공 · 박경준

이 책의 구성

SW코딩 자격증 수험서로 **문제해결과 알고리즘 설계, 프로그래밍, 실전모의고사 3개의 파트**로 구성되어있습니다.

❶ **학습 제목**

학습 단원의 주제를 알아볼 수 있도록 제시합니다.

❷ **학습 목표**

시험에 필요한 학습 방향을 제시하고, 학습 내용을 미리 알려줍니다.

시험 유형 분석을 통해 정리된 자격검정의 **필수적인 이론 및 연습문제**를 제공하여, 개념을 확실히 익히고 시험에 대비할 수 있도록 구성하였습니다.

❶ **학습 내용**

시험 출제 유형과 기준을 분석하여 이론의 내용을 쉽게 설명하였습니다.

❷ **도식화**

학습 내용 및 예시를 그림으로 표현하여 문제에 대한 이해력을 높여주었습니다.

❸ **연습문제**

앞서 배운 이론 내용을 토대로 하여 개념을 충분히 복습할 수 있는 다양한 연습문제를 제공합니다.

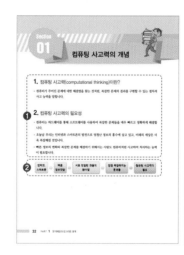

프로그래밍은 **주요 출제 요소를 중심**으로 시험에 집중 대비 하도록 내용을 수록하였습니다.

❶ 블록 이해하기

문제 해결에 필요한 블록을 이해하기 쉽도록 설명합니다.

❷ TIP

추가적인 중요한 내용이나 기본적인 사항을 더 배울 수 있도록 도와줍니다.

❸ 연습문제 파일 제공

제공되는 해당 연습문제의 파일명입니다.

시험에서 실수를 줄이고 합격에 더욱 가까이 다가갈 수 있도록, 파트 별로 **시험 유형 분석 및 문제 풀이 방법**을 수록하여 자세히 설명하였습니다.

❶ 시험 유형 TIP

과목별로 어떻게 문제가 출제되고, 어떻게 문제에 접근해야 하는지를 알려줍니다.

❷ 문제 분석 요령

실수를 줄이며 문제를 분석하는 요령을 Step로 설명합니다.

❸ 문제 풀이 방법 예시

예시문제를 함께 풀면서 문제 풀이 방법을 보여줍니다.

SW코딩 자격소개

1. 자격 소개

디지털 시대의 미래 인재 핵심 역량인 컴퓨팅 사고력을 평가하기 위한 자격입니다.

- 교육부와 과학기술정보통신부의 SW교육 운영 기조에 부합하는 과정으로 구성

- 국제 IT 자격 기관인 ECDL Foundation과 공동개발하여 국제 평가 표준 반영

2. 자격 목표

- 시대를 선도하는 핵심 역량인 '컴퓨팅 사고력(computational thinking)' 신장을 통해, 글로벌 시장 환경에서 경쟁력을 갖춘 인재 양성

- 컴퓨팅 사고력 및 코딩을 통한 직무 능력 향상

- 문제 해결 과정으로써 컴퓨팅 사고의 생활화

3. 자격 특징

- 전문 자격기관인 한국생산성본부(KPC)에서 시행하는 자격으로, 공정성 · 객관성 · 신뢰성을 갖춘 공신력 있는 자격시험

- 컴퓨팅 사고력 기반 문제 해결 능력 향상을 위해 코딩을 통하여 컴퓨팅 사고력을 신장시키고, 상황 기반(context-based)의 창의적 문제 해결력을 평가

- 4차 산업혁명기의 시대 선도적 역량을 키울 수 있도록 하기 위한 자격

4. 검정기준 및 검정과목

자격종목	등급	검정문항	시험시간
SW코딩 자격	1급	–	–
	2급	• 컴퓨팅적 사고력과 문제해결 • 알고리즘 설계 • 프로그래밍 언어 이해와 프로그래밍 • 피지컬 컴퓨팅 이해	45분
	3급	• 문제해결과 알고리즘 설계 • 기본 프로그래밍	45분

※프로그램 버전 : 엔트리(Entry Offline v1.6.4), 스크래치(Scratch 2.0 Offline Editor)

5. 응시 자격 및 검정료

등급	응시료	응시자격
1급	–	제한없음 (누구나 응시 가능)
2급	25,000원	
3급	20,000원	

6. 검정방법

구분	응시자격
시험방법	100% 실기시험 (PBT 또는 CBT)
합격기준	100점 만점 기준의 70점 이상 득점자
시험형태	정기시험 / 수시시험

7. 출제기준 및 시험구조(2급)

시험시간	배점	시험 S/W
45분	문항당 10점	스크래치 2.0 / 엔트리 중 선택

문항구성				답안작성	
1과목 (2문항)	2과목 (1문항)	3과목 (5문항)	4과목 (2문항)	1,2,4 과목	3과목
컴퓨팅사고력 문제해결	알고리즘 (순서도)	SW코딩	피지컬컴퓨팅	답안작성 파일에 서술	시험파일에 작업

과목	세부항목	성취기준 및 주요 출제요소
1과목. 컴퓨팅적 사고력과 문제해결	컴퓨팅 사고력의 이해와 적용	• 자료와 정보의 개념을 이해하고 표현할 수 있다. • 정보의 유형을 구분하고 활용할 수 있다. • 다양한 유형의 정보를 디지털로 표현할 수 있다. • 컴퓨팅 사고력의 구성 요소를 이해하고 활용할 수 있다.
	문제 분석과 구조화	• 주어진 문제를 이해하고 분석할 수 있다. • 다양한 방법으로 자료를 정리하여 표현할 수 있다. • 선형 구조, 비선형 구조의 개념을 이해하고 구조화 할 수 있다.
	컴퓨팅 사고력을 통한 생활 속 문제해결	• 주어진 문제를 단순화 시킬 수 있다. • 추상화를 이해하고 적용할 수 있다. • 반복되는 일정한 경향 및 규칙을 탐색하여 패턴을 찾아 공식화 할 수 있다. • 문제를 해결하기 위한 방법을 순서에 따라 설명할 수 있다. • 다양한 문제해결 방법을 찾아 적합한 방법을 선택할 수 있다. • 문제해결 방법의 문제점과 개선방법에 대해 설명할 수 있다.

과목	세부항목	성취기준 및 주요 출제요소
2과목. 알고리즘 설계	문제 해결을 위한 알고리즘 작성	• 알고리즘을 이해할 수 있다. • 알고리즘을 설계할 수 있다. • 알고리즘을 표현할 수 있다. • 알고리즘의 오류를 찾아 수정 할 수 있다.
	복합적 구조의 알고리즘 설계	• 알고리즘을 분석할 수 있다. • 알고리즘의 제어 구조를 이해할 수 있다. • 알고리즘의 제어 구조를 복합적으로 표현할 수 있다.
3과목. 프로그래밍 언어 이 해와 프로그래밍	프로그래밍 언어 이해	• 프로그램의 시작과 끝을 알 수 있다. • 프로그래밍 언어의 실행절차를 설명할 수 있다. • 조건문과 반복문을 이해하고 사용할 수 있다. • 변수와 연산자를 이해하고 사용할 수 있다.
	프로그래밍 설계	• 문제 조건과 요구를 이해할 수 있다. • 효율적인 프로그램 설계를 할 수 있다. • 프로그램 오류를 확인하여 수정할 수 있다. • 복합구조를 이해하고 프로그래밍할 수 있다.
	블록 프로그래밍	• 화면 구성과 주요 용어를 알 수 있다. • 순차, 반복구조를 주어진 상황에 맞게 사용할 수 있다. • 다중 선택, 다중 반복구조를 사용하여 프로그램을 작성할 수 있다. • 다양한 조건을 고려하여 다른 동작을 하는 프로그램을 만들 수 있다. • 변수와 상수를 이해하고, 이를 이용하여 입출력 프로그램을 작성할 수 있다. • 좌표를 이해하고, 활용하여 프로그램을 작성할 수 있다. • 신호와 복제의 차이를 알고 프로그램을 작성할 수 있다. • 장면연결을 통해 두개 이상의 장면을 구성할 수 있는다. • 함수를 사용하여 프로그램을 작성할 수 있다. • 리스트를 사용하여 프로그램을 작성할 수 있다.

SW코딩 자격소개

과목	세부항목	성취기준 및 주요 출제요소
4과목. 피지컬 컴퓨팅 이해	융합 활동과 피지컬 컴퓨팅	• 피지컬 컴퓨팅을 이해할 수 있다. • 실생활의 문제를 논리적 모델링을 할 수 있다. • 센서와 로봇을 이용하여 물리적 모델링을 할 수 있다. • 모델링을 기반으로 시뮬레이션할 수 있다.
	SW를 이용한 HW작동원리 이해	• 컴퓨터의 구성 요소와 동작 원리를 설명할 수 있다. • 각 센서별 특징을 이해할 수 있다. • 센서별 블록을 이해할 수 있다. • 센서를 기반으로 HW의 상황을 인지할 수 있다. • 블록 결합 결과로 HW의 동작 결과를 예측할 수 있다. • 센싱된 데이터를 기반으로 HW의 움직임을 제어할 수 있다.

SWcoding

8. 접수 사이트 안내

- 접수 및 자세한 시험자격 안내는 아래 사이트를 참조하시면 됩니다.
- **SW코딩자격 사이트** (http://license.kpc.or.kr)

- 인터넷 검색 키워드 : KPC 자격

시험 과정 및 저장 방법

1. 시험 과정

■ 1번~10번 문항

① 바탕화면 → [SW2–시험] 폴더 → [수험번호–성명] 폴더 → 마우스 오른쪽 버튼 클릭 → [이름 바꾸기] → 자신의 '수험번호–성명'으로 수정 (예: C1801000806–홍길동)

② 해당 폴더 안에 제시된 문항을 열어서 답안 작성 및 작업

■ 1번~3번, 9번~10번 문항은 답안작성 파일에 작성

SW코딩자격(2급) 답안작성

수험번호		성 명	

문항	수행형 답안	문항	수행형 답안
1	①	9	①
	②		②
2	①	10	①
	②		②
3	①		
	②		
	③		
	④		
	⑤		

2. 답안저장

4~8번까지의 프로그램 답안 작성의 경우, 각 문항의 작업이 완료되면 **[파일] – [저장하기]**로 저장

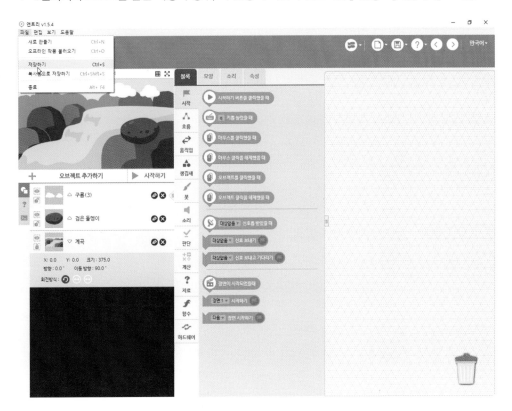

CONTENTS

Part 1 ● 컴퓨팅 사고력과 문제해결

CHAPTER 1 디지털 정보의 표현   25

Section 1   디지털의 이해   26

1. 아날로그(analog)와 디지털(digital)   26
2. 생활 속의 디지털 시스템(digital system)   26

Section 2   디지털 숫자 – 2진수   27

1. 2진수(binary numeral)의 이해   27
2. 10진수를 2진수로 표현하기   27
   연습문제   28

CHAPTER 2 컴퓨팅 사고력의 이해   31

Section 1   컴퓨팅 사고력의 개념   32

1. 컴퓨팅 사고력(computational thinking)이란?   32
2. 컴퓨팅 사고력의 필요성   32

Section 2   컴퓨팅 사고력의 구성요소   33

1. 컴퓨팅 사고력 구성요소의 필요성   33
2. 컴퓨팅 사고력의 구성요소10진수를 2진수로 표현하기   33
   연습문제   34

CHAPTER 3   **문제해결의 과정1 – 자료의 정리**   37

Section 1   자료의 정리   38

   1. 자료 정리란?   38

Section 2   자료 정리 방법   39

   1. 표 그리기   39

   2. 그래프 그리기   39

   3. 그 밖의 자료 정리 방법   39

   연습문제   40

CHAPTER 4   **문제해결의 과정2 – 추상화**   43

Section 1   추상화의 이해   44

   1. 추상화(abstraction)란?   44

Section 2   추상화의 방법   45

   1. 추상화의 설계   45

   2. 생활 속 추상화의 예   45

   연습문제   46

CHAPTER 5   **문제해결의 과정3 – 패턴 찾기**   49

Section 1   탐색을 통한 문제해결   50

   1. 탐색(search)이란?   50

Section 2   패턴 이해하기   51

   1. 패턴(pattern)이란?   51

   2. 패턴의 공식화   52

   연습문제   53

시험유형 및 풀이방법   55

CONTENTS

Part 2 ● 알고리즘

CHAPTER 1 순서도 기호   61

Section 1   알고리즘의 이해   62

   1. 알고리즘(algorithm)이란?   62
   2. 알고리즘의 중요성   62

Section 2   순서도의 이해   63

   1. 순서도(flow chart)란?   63
   2. 순서도 기호 알아보기   63
   연습문제   64

CHAPTER 2 알고리즘의 주요 요소 – 순차, 반복, 선택   67

Section 1   순차 알고리즘   68

Section 2   반복 알고리즘   69

   1. 제한적 반복   69
   2. 조건 반복   70

Section 3   선택 알고리즘   71

   연습문제   72

시험유형 및 풀이방법   74

SWcoding

Part 3 ● 엔트리 프로그래밍

CHAPTER 1 순차 · 반복 · 선택   83

Section 1   순차   84

     1. 순차 구조의 이해   84

     2. 블록 이해하기   85

Section 2   반복   86

     1. 반복 구조의 이해   86

     2. 블록 이해하기   87

Section 3   선택   88

     1. 선택 구조의 이해   88

     2. 블록 이해하기   89

     연습문제   91

CHAPTER 2 시작 및 신호보내기   95

Section 1   시작   96

     1. 시작 블록   96

     2. 블록 이해하기   96

Section 2   신호보내기   97

     1. 신호보내기 블록   97

     2. 신호보내기 만들기   97

     3. 블록 이해하기   98

     연습문제   99

CONTENTS

CHAPTER 3 복제   103

Section 1   복제하기   104

   1. 복제하기 블록   104
   2. 블록 이해하기   104

Section 2   도장찍기   105

   1. 도장찍기 블록   105
   2. 블록 이해하기   105
   연습문제   106

CHAPTER 4 연산   111

Section 1   연산의 이해   112

   1. 연산의 종류   112
   2. 블록 이해하기   112

Section 2   난수 만들기   113

   1. 난수란?   113
   2. 블록 이해하기   113
   연습문제   114

CHAPTER 5 변수와 묻고 대답하기   119

Section 1   변수의 이해   120

   1. 변수   120
   2. 변수 만들기   121

Section 2   묻고 대답하기   122

   1. 묻고 대답하기 블록   122
   2. 묻고 대답하기 블록의 활용   123
   연습문제   124

CHAPTER 6   **함수**   129

Section 1   함수의 이해   130

Section 2   함수 만들기   131

      연습문제   132

CHAPTER 7   **리스트**   135

Section 1   리스트의 이해   136

      1. 리스트(List)란?   136
      2. 리스트의 개념 이해하기   136

Section 2   리스트 만들기   137

Section 3   리스트 항목 추가 및 삭제   138

      1. 리스트 항목 추가하기   138
      2. 리스트 항목 삭제하기   138

Section 4   리스트 관련 블록 이해하기   139

      연습문제   140

      시험유형 및 풀이방법   142

CONTENTS

Part 4 ● 피지컬 컴퓨팅

CHAPTER 1 **피지컬 컴퓨팅**   151

Section 1   피지컬 컴퓨팅의 이해   152

1. 피지컬 컴퓨팅(physical computing)이란?   152

Section 2   액추에이터의 이해   153

연습문제   154

CHAPTER 2 **센서**   157

Section 1   센서의 이해   158

Section 2   센서의 종류   159

연습문제   160

시험유형 및 풀이방법   162

SWcoding

Part 5 ● 실전 모의고사

SW코딩자격(2급)-모의고사(1회)   169

SW코딩자격(2급)-모의고사(2회)   177

SW코딩자격(2급)-모의고사(3회)   185

SW코딩자격(2급)-모의고사(4회)   193

SW코딩자격(2급)-모의고사(5회)   201

SW코딩자격(2급)-모의고사(6회)   209

SW코딩자격(2급)-모의고사(7회)   217

실전 모의고사 해답   225

Part 1

컴퓨팅 사고력과 문제해결

Chapter 1 디지털 정보의 표현

Chapter 2 컴퓨팅 사고력의 이해

Chapter 3 문제해결의 과정1-자료의 정리

Chapter 4 문제해결의 과정2-추상화

Chapter 5 문제해결의 과정3-패턴 찾기

CHAPTER **01**

디지털 정보의 표현

디지털의 이해　SECTION 1

디지털 숫자-2진수　SECTION 2

학습 목표

- 디지털 정보에 대해 이해할 수 있다.

- 우리 주변의 디지털 시스템에 대해 이해할 수 있다.

- 2진수와 같은 디지털 숫자에 대해 이해할 수 있다.

디지털의 이해

1. 아날로그(analog)와 디지털(digital)

- 아날로그 : 연속적으로 변화하는 물리량을 표현합니다.
- 디지털 : 0과 1을 이용하여 정보를 표현합니다.

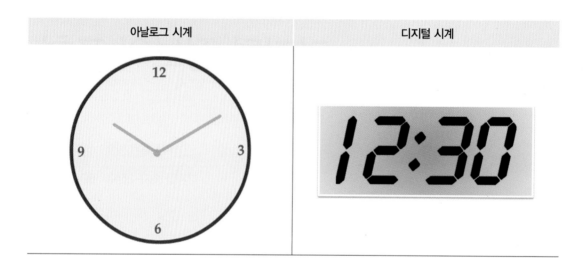

아날로그 시계	디지털 시계

2. 생활 속의 디지털 시스템(digital system)

- 디지털 시스템: 0과 1의 값으로 표현된 정보를 처리하여 각종 업무들을 수행하는 시스템입니다.
- 우리 주변에서 사용하는 대부분의 전기 기기 또는 전자 기기에는 디지털 시스템이 사용됩니다.

Section 02

디지털 숫자 - 2진수

1. 2진수(binary numeral)의 이해

• 2진수는 0과 1로만 표현된 수입니다.

• 컴퓨터가 연산을 수행할 때 사용하는 기본적인 수입니다.

2. 10진수를 2진수로 표현하기

10진수	2진수	10진수	2진수
0	0000	5	0101
1	0001	6	0110
2	0010	7	0111
3	0011	8	1000
4	0100	9	1001

⏳ TIP 10진수와 2진수

• 10진수는 우리가 늘 사용하는 0~9까지의 숫자를 말합니다.

• 컴퓨터는 0과 1로만 계산을 할 수 있기 때문에, 스스로 우리가 입력한 값들을 디지털 정보(2진수)로 변환하여 계산을 수행합니다.

연습문제 ///////////////////////////////////////

 윤주는 수업시간에 아날로그와 디지털의 개념에 대해 배운 후, 다음과 같이 각각의 의미를 정리하였습니다. 빈 칸에 들어갈 단어는 무엇일까요?

- 아날로그는 (①   )으로 변하는 물리적인 값으로 정보를 표현

- 디지털은 (②   )인 값, 즉 0과 1값을 이용하여 정보를 표현

 우리가 실생활에서 사용하는 디지털 시스템에는 어떤 것들이 있는지 적어보세요.

문제 **03** 0~9까지의 수를 사용하는 사람과 달리 컴퓨터는 계산을 수행할때 (   )과 (   ), 즉 2개의 숫자만을 사용하여 계산을 수행합니다. 이것을 이진수라 하며, 이진수는 컴퓨터가 연산을 수행할때 사용하는 기본적이 수입니다.

• (   )에 들어갈 숫자는 무엇무엇일까요?

문제 **04** 다음 보기를 통해 형진이의 휴대폰 비밀번호를 유추해보세요.

- 휴대폰 비밀번호의 자릿수는 총 4자리의 숫자

- 형진이가 좋아하는 숫자를 2진수로 변환한 수

- 형진이가 좋아하는 숫자는 7

10진수	2진수	10진수	2진수
0	0000	5	0101
1	0001	6	0110
2	0010	7	0111
3	0011	8	1000
4	0100	9	1001

• 형진이의 휴대폰 비밀번호는 (   )입니다.

CHAPTER **02**

컴퓨팅 사고력의 이해

컴퓨팅 사고력의 개념   SECTION 1

컴퓨팅 사고력의 구성요소   SECTION 2

학습 목표

- 컴퓨팅 사고력의 의미와 필요성에 대해 알 수 있다.
- 컴퓨팅 사고력의 구성요소를 이해할 수 있다.
- 컴퓨팅 사고력 구성요소의 필요성에 대해 알 수 있다.

Section 01

컴퓨팅 사고력의 개념

1. 컴퓨팅 사고력(computational thinking)이란?

- 컴퓨터가 주어진 문제에 대한 해결법을 찾는 것처럼, 복잡한 문제의 결과를 구현할 수 있는 절차적 사고 능력을 말합니다.

2. 컴퓨팅 사고력의 필요성

- 컴퓨터는 하드웨어를 통해 소프트웨어를 사용하여 복잡한 문제들을 매우 빠르고 정확하게 해결합니다.

- 오늘날 우리는 인터넷과 스마트폰의 발전으로 엄청난 정보의 홍수에 살고 있고, 미래의 세상은 더욱 복잡해질 것입니다.

- 빠른 정보의 변화와 복잡한 문제를 해결하기 위해서는 사람도 컴퓨터처럼 사고하여 처리하는 능력이 필요합니다.

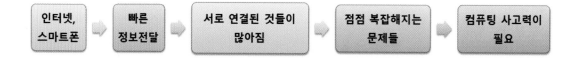

인터넷, 스마트폰 ➡ 빠른 정보전달 ➡ 서로 연결된 것들이 많아짐 ➡ 점점 복잡해지는 문제들 ➡ 컴퓨팅 사고력이 필요

컴퓨팅 사고력의 구성요소

1. 컴퓨팅 사고력 구성요소의 필요성

- 컴퓨팅 사고력을 이용하여 문제를 해결하려면 몇 가지의 단계를 거쳐야 합니다.
- 그 이유는 효율적으로 문제를 처리하고, 문제해결의 오류를 최소화하기 위해서입니다.

2. 컴퓨팅 사고력의 구성요소

구성요소	설명
자료수집	자료를 모으는 단계
자료분석	자료를 분류하고 다양성을 파악하는 단계
자료표현	문제의 내용을 도식화(차트, 텍스트, 이미지 등) 하는 단계
문제분해	문제를 나누어 분석하는 단계
추상화	문제의 복잡도를 조절하여 단순화 시키는 단계
알고리즘	과정을 순서적 단계로 표현 하는 단계
자동화	프로그래밍 언어를 이용하여 문제를 해결하는 단계
시뮬레이션	프로그램을 실행하여 모의 실험하는 단계
병렬화	작업을 동시에 수행 하도록 하는 단계

연습문제 //

문제 01 컴퓨터 사고력에 대해 공부한 내용을 바탕으로, 괄호에 들어갈 알맞은 단어를 골라보세요.

- 앞으로의 세상은 점점 (단순 / 복잡) 해집니다.

- 앞으로의 세상은 해결해야 할 문제들이 (많아 / 적어) 집니다.

- 앞으로의 세상은 문제들을 (빠르게 / 느리게) 처리해야 합니다.

- 그 이유는 (의료와 교통 / 인터넷과 스마트폰)이 발전하기 때문이기도 합니다.

- 이러한 문제들을 해결하기 위해서 우리는 (컴퓨팅 사고력 / 기계적인 사고력)을 해야 합니다.

문제 02 컴퓨터 사고력의 구성요소에 대해 공부한 내용을 바탕으로, 괄호에 들어갈 알맞은 단어를 골라보세요.

- (자료수집 / 자료분석)은 자료를 분류하고 자료의 다양성을 파악하는 것입니다.

- (추상화 / 문제분해)는 문제의 복잡도를 조절하여 단순화 시키는 것입니다.

- (알고리즘 / 자료표현)은 문제의 과정을 순서적 단계로 표현하는 것입니다.

문제 03 컴퓨팅 사고력의 구성요소 중 아래 내용에 해당되는 부분을 보기에서 찾아 적어보세요.

자료수집 / 자료분석 / 자료표현 / 문제분해

- 친구들과 사이좋게 지내려면 어떻게 해야 하는지 알아봅니다. (①   )

- 수학문제를 풀기 위해 작은 부분부터 문제를 나누어봅니다. (②   )

- 라면 끓이는 순서를 적어봅니다. (③   )

- 꽃밭에 꽃씨를 심기 위해 필요한 것들이 무엇인지 알아봅니다. (④   )

문제 04 친구들과 떡볶이를 만들어 먹으려 합니다. 이왕이면 맛있게 해서 먹고 싶습니다.
현민이는 인터넷에서 떡볶이를 맛있게 만드는 요리법을 찾아보기로 했고, 수민이는 필요한 재료를 준비하기로 했고, 세희는 떡볶이를 직접 요리하기로 했습니다.
해당 내용을 바탕으로 다음과 같이 나눠봤을 때, 각각은 컴퓨팅 사고력의 구성요소 중 어떤 부분에 해당할까요?

- 친구들은 각자의 역할을 나누기로 했습니다. (①   )

- 맛있는 요리를 위해 인터넷에서 요리법을 찾아봅니다. (②   )

- 떡볶이 재료를 알아보고 재료를 준비합니다. (③   )

CHAPTER **03**

문제해결의 과정1 – 자료의 정리

자료의 정리   SECTION 1

자료 정리 방법   SECTION 2

학습 목표

- 자료 정리의 의미에 대해 알 수 있다.
- 자료를 다양한 형태로 정리할 수 있다.

Section 01

자료의 정리

1. 자료 정리란?

- 복잡한 문제를 효율적으로 해결하기 위해서 재작업 하는 것을 말합니다.

- 자료를 정리하면 복잡한 데이터를 한 눈에 알아볼 수 있습니다.

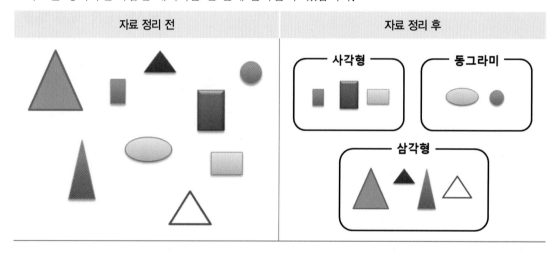

- 즉, 자료의 정리를 통해 우리는 더욱 쉽고 빠르게 데이터를 분석 할 수 있습니다.

자료 정리 방법

1. 표 그리기

- 주어진 자료를 표로 정리하면 쉽게 데이터를 구분할 수 있습니다.

자료 정리 전

Q. 좋아하는 과일 고르기

바나나	딸기	포도

자료 정리 후

과일명	바나나	딸기	포도
개수	5	9	6

2. 그래프 그리기

- 주어진 자료를 그래프로 그리면 데이터의 흐름을 쉽게 알 수 있고, 자료를 서로 비교할 수 있습니다.
- 예) 막대그래프로 나타내기

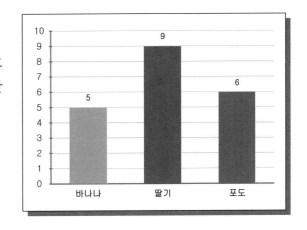

3. 그 밖의 자료 정리 방법

- 자료 정렬하기, 그림으로 표현하기 등 다양한 방법을 통해 자료를 정리할 수 있습니다.

연습문제 ///

문제 01 문제를 해결할 때, 자료를 정리해야 하는 이유는 무엇일까요?
그리고 실생활 중에 자료를 정리해서 문제를 해결했던 상황을 한 가지 적어보세요.

문제 02 자료를 정리하는 방법을 3개 이상 나열해보세요.

문제 03 윤선이네 반 친구들은 각자 칠판에 좋아하는 색깔의 스티커를 붙였습니다. 해당 자료를 표로 정리해보고, 자료를 분석하여 문제의 빈 칸을 채워보세요.

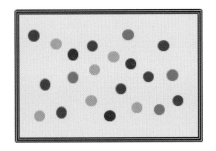

색깔			
개수			

- 윤선이네 반 학생수는 몇 명인가요?   (①   )

- 초록색을 좋아하는 학생수는 몇 명인가요?   (②   )

- 윤선이네 반 학생들이 가장 좋아하는 색깔은 무엇인가요?   (③   )

문제 04 다음 자료를 시험 접수일이 가장 빠른 순으로 자료를 정렬해보세요.

시험 접수일	수험자명
2018-07-11	윤민혁
2018-05-23	최지훈
2018-03-05	이유권
2018-03-10	한태일

▶

시험접수일	수험자명

CHAPTER **04**

문제해결의 과정2 − 추상화

추상화의 이해   SECTION 1

추상화의 방법   SECTION 2

학습 목표

- 추상화의 개념에 대해 알 수 있다.
- 추상화하는 방법을 알 수 있다.
- 우리 주변에서 다양한 추상화의 예를 찾을 수 있다.

Section 01

추상화의 이해

1. 추상화(abstraction)란?

- 복잡한 문제의 중요 핵심을 이해하기 쉽도록 불필요한 부분은 제거하여 작은 단위로 단순화 시키는 것입니다.

- 컴퓨팅 사고력의 구성요소 중 하나로, 문제 해결에서 가장 중요한 부분입니다.

- 우리는 자료수집~문제분해 과정을 거쳐 추상화에 이르게 됩니다.

- 예) 복잡한 현실의 모습을 추상화하여 표현한 약도

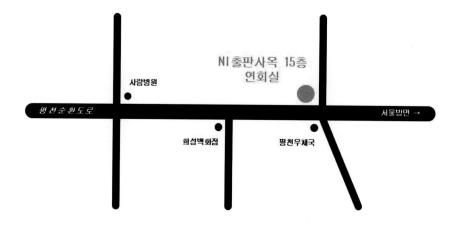

Section 02 추상화의 방법

1. 추상화의 설계

- 전달하고자 하는 문제의 가장 핵심 부분을 찾습니다.
- 그 핵심을 중심으로 전달할 내용을 표현합니다.

2. 생활 속 추상화의 예

지하철 노선도	표지판
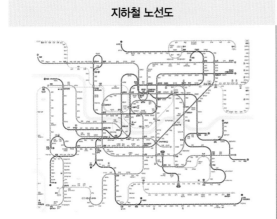	
라면봉지 뒤 조리방법	시간표

연습문제

문제 01 추상화란 무엇일까요? 그리고 실생활에서 찾아볼 수 있는 추상화의 예는 무엇이 있을까요?

문제 02 아래 내용을 보고 내용의 공통점(핵심)을 찾고, 그 기준을 설명해보세요.

- 유관순, 퀴리부인, 잔다르크   (①   )

- 수박, 장마철, 얼음, 모기   (②   )

- 코끼리, 돌고래, 호랑이, 바다표범   (③   )

문제 03 다음을 읽고 지호가 새로 이사 갈 동네의 약도를 그려보세요.

" 새로 이사 갈 집은

큰 도로 달콤빵집 옆 골목으로 들어가서 첫 번째 보이는 오른쪽 골목 안에
있어.

그 골목에는 세탁소와 미용실이 나란히 있고, 세탁소 맞은편에는 부동산이
있어.

우리 집은 부동산 왼쪽에 있는 집이야 "

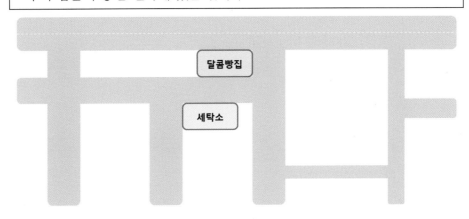

 04 다음 글을 읽고, 글의 핵심 요소들을 생각하여 적어보세요.

> 나는 여름방학을 맞아 가족들과 함께 제주도로 여행을 다녀왔다.
> 여행 날 아침부터 갑자기 내린 소나기에 여행이 많이 걱정되었다.
> 서울에서 1시간동안 비행기를 타고 도착한 제주도!
> 다행히 비가 그치고 제주도의 맑고 푸른 하늘이 우리 가족을 맞이했다.
> 제주도의 바다는 정말 맑고 투명했다.
> 멋진 바다를 가족들과 함께 볼 수 있어서 너무 행복했다.

- **등장인물(여행을 떠난 사람)**
  (①   )

- **배경(계절)**
  (②   )

- **여행을 떠난 장소**
  (③   )

- **여행을 걱정한 이유**
  (④   )

- **여행이 행복했던 이유**
  (⑤   )

CHAPTER **05**

문제해결의 과정3 −
패턴 찾기

탐색을 통한 문제해결   SECTION 1

패턴 이해하기   SECTION 2

학습 목표

- 탐색의 개념에 대해 알 수 있다.
- 패턴의 의미를 알 수 있다.
- 자료를 분석하여 패턴을 공식화 할 수 있다.
- 패턴을 통해 문제를 해결할 수 있다.

Section
01

탐색을 통한 문제해결

1. 탐색(search)이란?

- 효과적인 문제의 해답을 찾아내기 위해 문제를 관찰하는 것입니다.

- 문제를 해결하기 위해서 원하는 결과가 나올 때까지 여러 가지 방법을 시도해봐야 합니다.

- 여러 해결 방법 중 가장 효율적인 방법을 선택합니다. (이때, 방법은 서로 다를 수 있음)

- 복잡한 문제는 문제를 분해하여 해결합니다.

학습활동

아래 주사위 그림을 탐색하여 규칙을 발견해봅시다.
빈 칸에 들어갈 주사위의 숫자를 알아보고 그 이유를 설명해 봅시다.

- -

위 그림을 관찰하면, 4→1→?, 5→2→?, 6→3→?입니다.
4-1=3, 5-2=3, 6-3=3 이라는 규칙을 발견할 수 있습니다.
즉, ? = 3 입니다.

$$? = \begin{bmatrix} \because \end{bmatrix}$$

Section 02

패턴 이해하기

1. 패턴(pattern)이란?

- 데이터가 지닌 일정한 형태 또는 반복되는 규칙입니다.

- 우리는 관찰을 통해 문제가 가지고 있는 일정한 규칙을 찾을 수 있습니다.

- 또한 그 규칙을 통해 그 다음의 순서나 상황을 미리 예측할 수 있습니다.

 학습활동

아래 ?에 들어갈 숫자는 무엇일까요?
숫자가 변하는 패턴을 찾아 ?에 알맞은 숫자를 찾아봅시다.

$$2 \rightarrow 4 \rightarrow 6 \rightarrow 8 \rightarrow ?$$

나열된 숫자들은 앞에 숫자에서 '2'씩 증가하는 규칙을 찾을 수 있습니다.
즉, ? = 10입니다.

$$2 \xrightarrow{+2} 4 \xrightarrow{+2} 6 \xrightarrow{+2} 8 \xrightarrow{+2} ?$$

$$\therefore \quad 2 \rightarrow 4 \rightarrow 6 \rightarrow 8 \rightarrow 10$$

2. 패턴의 공식화

• 패턴이 가진 일정하거나 반복되는 규칙을 구조화하여 공식(formula)을 찾습니다.

 학습활동

1~10까지의 합을 구해 봅시다.
그리고 반복되는 규칙을 찾아 1~N까지의 합을 구하는 공식을 유추해 봅시다.

A. 1~10까지 나열하면 다음과 같은 규칙을 발견할 수 있습니다.
1+10=11, 2+9=11, 3+8=11, 4+7=11, 5+6=11
즉, 1~10까지의 합은 11x5=55입니다.

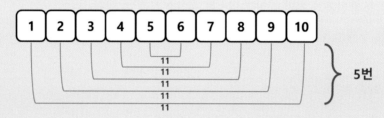

 학습활동

같은 방법으로 1~N까지의 숫자를 구하는 규칙을 다시 살펴보면,

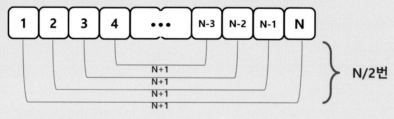

즉, (N+1)xN/2 이라는 공식을 구할 수 있습니다.

연습문제 ///////////////

문제 01 문제 해결 방법의 탐색에 대한 내용으로 틀린 내용을 찾아 알맞게 고쳐보세요.

> 우리가 문제 해결을 위해서는 문제를 관찰해야 합니다.
>
> 그 관찰, 즉 탐색의 과정에서 우리는 문제의 규칙을 찾을 수 있습니다.
>
> 탐색의 방법은 누구나 같아야 하며,
>
> 그 방법 속에서 가장 효율적인 방법을 선택해야 합니다.

문제 02 다음 표를 잘 관찰하고, 첫 번째 줄과 두 번째 줄의 숫자의 관계를 유추하여 빈 칸을 채워보세요.

1	2	2	1	3	1	3	2
	1	3	2	3	?	2	

문제 03 다음 표의 규칙을 발견하고, 빈 칸에 들어갈 숫자와 도형을 맞춰보세요.

△	□	⬠	①	⬡	⯃
3	7	12	18	25	②

문제 04 아래 내용을 관찰하고 각각의 도형에 맞는 수를 맞혀보세요.

⬤ + ⬤ = **40**

♥ − ⬤ = **10**

◆ ÷ ♥ = **20**

도형	⬤	♥	◆
수	①	②	③

시험유형 및 풀이방법

TIP 1과목 풀이

무엇을 묻는 문제인지 정확하게 파악하여야 합니다. 그리고 〈보기〉안에는 정답이 되는 주요한 요소와 힌트가 있으므로, 〈보기〉의 내용을 잘 이해하여 문제를 풀어야 합니다.

■ 문제해결의 실수 유형

유형	설명
1.	문제를 대충 읽는다.
2.	문제의 절차(순서)를 정렬하지 못한다.
3.	문제의 핵심을 알아내지 못한다.
4.	문제의 요소들을 알아내지 못한다.

■ 실수를 줄이는 문제 분석 요령

요령	설명
step1.	정답이 될 문항 요소에 네모를 한다.
step2.	정답 문항 네모의 힌트들을 연결한다.
step3.	힌트의 내용들을 밑줄을 긋는다.
step4.	힌트의 핵심부분에는 동그라미를 한다.
step5.	정답을 기록한다.

[문제]

Q. 현동이는 수업시간에 컴퓨터 주변장치에 대해 공부했다. 〈보기〉를 참고하여 〈문제〉의 빈 칸을 완성하시오.

┤ 보기 ├

〈컴퓨팅 사고력이란 무엇인가?〉

컴퓨터가 주어진 문제에 대한 해결법을 찾는 것처럼, 복잡한 문제의 결과를 구현할 수 있는 절차적 사고 능력을 말한다. 컴퓨팅 사고력은 문제의 자료를 모으는 자료 수집 단계부터 시작한다. 그 다음 수집한 자료를 분류하여 다양성을 파악하는 자료 분석, 분류된 자료의 내용을 도식화하는 자료 표현 단계를 거치게 된다.

문제

※ 답안 작성 요령 : 〈보기〉를 참고하여, ①과 ②를 채워 넣으시오.

– 현동이는 컴퓨터 주변장치에는 어떤 것들이 있는지 알아보려고 인터넷으로 검색해 보았다. 컴퓨팅 사고력 중 어떤 단계인가?	①
– 조사한 내용을 엑셀로 정리하여 출력하였다. 컴퓨팅 사고력 중 어떤 단계인가?	②

문제에서 찾아야할 정답	정답을 뒷받침 해줄 자세한 내용	보기에서 요소 찾기	정답
컴퓨팅 사고력 단계 중 어떤 단계인가?	인터넷으로 검색해보았다.	"컴퓨팅 사고력은~" (자료 수집, 자료 분석, 자료 표현) 의 3가지 요소 찾기	① 자료 수집
컴퓨팅 사고력 단계 중 어떤 단계인가?	엑셀로 정리하여 출력하였다.		② 자료 표현

[문제]

Q. 유영이는 가족과 필요한 물건들을 사러 백화점에 왔다. 〈보기〉를 참고하여 〈문제〉의 빈 칸을 완성하시오.

┤ 보기 ├

〈백화점 층별 구조도〉

8층	식당가
7층	가구
6층	가전 · 전자제품
5층	스포츠 의류
4층	남성캐주얼, 정장
3층	여성캐주얼, 정장
2층	구두, 핸드백
1층	화장품
B1층	식품
B2층	주차장

〈유영이네 가족들이 필요한 물품 정리〉

엄마:	아빠:
봄 정장 헬스 운동화 헤어 드라이기 오렌지, 사과	등산용 신발 전자레인지 책상, 의자 청바지
오빠:	유영:
태블릿pc 봄 코트 핸드크림	바디크림 구두 모니터

문제

※ 답안 작성 요령 : 〈보기〉를 참고하여, ①과 ②를 채워 넣으시오.

– 가족들이 공통적으로 가야하는 층은 몇 층인가?	①
– 모든 쇼핑을 마치면 저녁식사를 하고 아빠차를 타고 집으로 가려고 한다. 유영이네가 마지막으로 가야하는 층은 몇 층인가?	②

문제에서 찾아야할 정답	정답을 뒷받침 해줄 자세한 내용	보기에서 요소 찾기	정답
			①
			②

Part 2

알고리즘

Chapter 1 순서도 기호

Chapter 2 알고리즘의 주요 요소 – 순차 · 조건 · 반복

CHAPTER 01

순서도 기호

알고리즘의 이해   SECTION 1

순서도의 이해   SECTION 2

학습 목표

- 알고리즘의 개념에 대해 이해할 수 있다.
- 알고리즘의 중요성에 대해 이해할 수 있다.
- 순서도의 의미를 이해하고, 상황에 따른 순서도 기호를 사용할 수 있다.

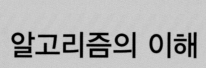

알고리즘의 이해

1. 알고리즘(algorithm)이란?

• 주어진 문제를 효율적으로 해결하기 위해서는 정확한 논리적 절차가 필요합니다.

• 즉, 어떤 문제를 해결하기 위하여 논리적 사고를 통해 나열한 순서를 알고리즘이라고 합니다.

• 알고리즘은 문제해결의 열쇠이며, 상황에 따라 그 순서와 내용이 다를 수 있습니다.

아날로그 시계	디지털 시계
음료수자판기	동전이나 화폐 넣기→음료수 선택→음료수 꺼내기→잔돈 받기
세수하기	물로 얼굴 씻기→비누로 거품내기→얼굴에 비누칠하기→물로 헹구기→수건으로 얼굴 닦기
상처에 밴드 붙이기	밴드 찾기→밴드포장지 벗기기→테이프 떼기→상처에 밴드 붙이기

※ 위 내용의 알고리즘은 단순히 순차적으로 나열한 것입니다. 상황에 따라 반복과 선택이 생길 수도 있습니다.

2. 알고리즘의 중요성

• 하나의 문제를 해결하기 위해서는 다양한 방법들이 존재할 수 있습니다.

• 알고리즘은 그 방법들 중 가장 효율적인 방법을 찾게 합니다.

• 그리고 선택한 알고리즘에 따라 문제해결의 시간이나 정확도가 다를 수 있습니다.

상황	방법 찾기	알고리즘
1을 5번 더하기	방법1) 1+1+1+1+1 = 5 방법2) 1x5 = 5	두 가지 방법 중 가장 효율적인 방법 찾기
목적지까지의 교통수단	방법1) 대중교통 이용하기 방법2) 자동차 이용하기 방법3) 도보로 이동하기	현재 상황에 맞는 최적의 이동 수단 선택하기

순서도의 이해

1. 순서도(flow chart)란?

- 문제의 순서나 처리방법을 논리적인 흐름에 따라 단계적으로 정해진 기호(도형)를 사용하여 표현한 그림입니다.
- 일관성 있는 도형으로 표현하여 문제의 처리 절차를 한눈에 파악할 수 있습니다.

2. 순서도 기호 알아보기

기호	설명	기호	설명
	시작/끝 기호		조건(판단) 기호 – 기호 안에 조건을 명시 – '예/아니오' 로 분기
	준비 기호 – 프로그래밍 전 사전 준비 – 변수 선언('처리기호' 에서도 가능) – 변수 초기 값 설정		데이터 입/출력 기호
	처리 기호	반복(횟수) 내용	반복 기호
	출력 기호		

연습문제

 이것은 어떤 문제를 해결하기 위해 논리적 사고를 통해 나열한 순서를 말합니다. 문제 해결 방법을 의미하기로 하며, 문제 해결의 열쇠인 이것은 무엇일까요?

 영식이는 배가고파 편의점에서 컵라면을 사먹기로 했습니다. 영식이가 편의점에서 컵라면을 산 뒤, 컵라면을 조리해서 먹기까지의 순서를 나열해보세요.

문제 03 순서도 기호와 내용이 맞는 것끼리 연결해보세요.

⬦   •   • 준비

⬡   •   • 시작

▭   •   • 처리

▱   •   • 조건

문제 04 다음 보기를 읽고, 도형 안에 들어갈 알맞은 문장을 써보세요.

- 비가 오는가?

- 연필을 산다.

- 음식 재료 준비

CHAPTER 02

알고리즘의 주요 요소 –
순차 · 반복 · 선택

순차 알고리즘   SECTION 1

반복 알고리즘   SECTION 2

선택 알고리즘   SECTION 3

학습 목표

• 알고리즘의 주요 요소에 대해 알 수 있다.

• 순차, 반복, 선택 알고리즘의 의미와 개념을 알 수 있다.

• 상황에 맞는 적합한 알고리즘을 그릴 수 있다.

순차 알고리즘

- 문제 해결 과정에서 선택이나 반복이 없이, 단계적으로 처리하는 구조입니다.
- 장점 : 구조가 단순하여 작업을 간편하고 빠르게 표현할 수 있습니다.
- 단점 : 표현이 길어질 수 있고, 표현의 제한이 생길 수 있습니다.

내용	결과	연습
일어난다. 세수를 한다. 옷을 입는다. 학교에 간다.	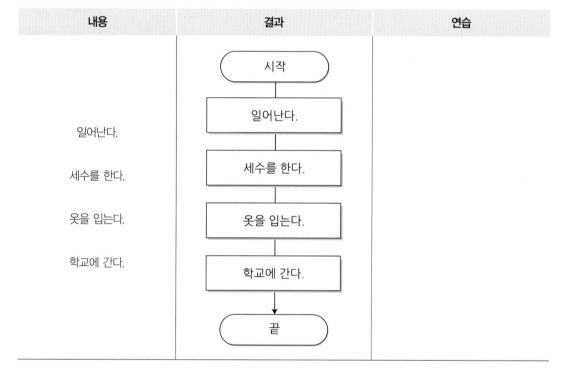	

Section 02

반복 알고리즘

- 문제 해결 과정에서 일부분의 처리를 반복하여 처리하는 구조입니다.
- 장점 : 작업의 내용 중 반복되는 구간을 짧게 표현할 수 있습니다.
- 단점 : 반복문을 잘못 지정하면 처리 내용에 오류가 발생할 수 있습니다.
- 반복문의 구조에는 '제한적 반복'과 '조건 반복'이 있습니다.

1. 제한적 반복

- '~번' 횟수로 반복하는 구조입니다.

내용	결과	연습
원 그리기 시작 360번 반복 1씩 움직인다. 1도 회전한다. 원 그리기 종료	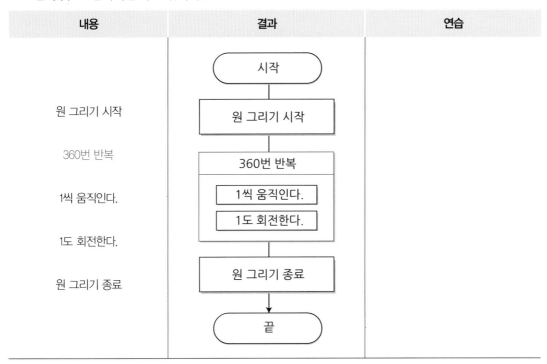	

2. 조건 반복

• '~가 될 때까지' 반복하는 구조입니다.

내용	결과	연습
나무에 닿을 때까지 고양이가 10씩 움직인다. 나무에 닿으면 동작을 멈춘다.	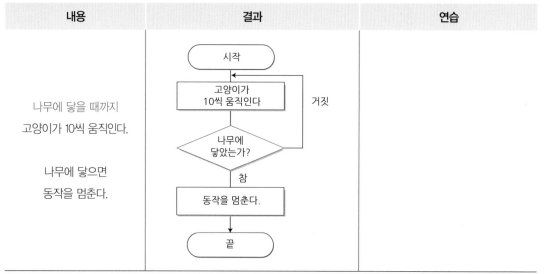	

학습활동

다음의 글을 읽고 알고리즘으로 표현할 때, 반복에는 어떤 구조를 쓰면 좋을지 생각해 봅니다.

> 마법사의 도움으로 신데렐라는 예쁘게 되었습니다.
> 하지만 마법사는 신데렐라에게 12시까지는 돌아와야 한다고 했습니다.
> 마법사의 도움으로 파티에 참석한 신데렐라는 왕자님과 행복한 시간을 보냈습니다.
> 하지만 어느 덧 12시가 되었고, 신데렐라는 아쉬움을 뒤로한 채 파티장에서 나와야 했습니다.

신데렐라는 왕자님과 행복한 시간을 12시까지 보낼 수 있고, 그 후에는 파티장을 나와야 합니다.

즉, 글의 내용을 추상화하여 내용을 나열하면 아래와 같습니다.

순서1	마법사 등장	순차
순서2	신데렐라 예쁘게 변신	순차
순서3	파티에 참석	순차
순서4	왕자님과 행복한 시간	순차
순서5	12시가 되었는가?	조건 반복
순서6	파티장에서 나오기	순차

Section 03

선택 알고리즘

- 문제 해결 과정들 중 제시한 조건에 따라 처리 내용이나 순서가 달라지는 구조입니다.
- '만약~라면' 으로 표현 할 수 있습니다.
- 장점 : 다양한 표현을 할 수 있습니다.
- 단점 : 조건에 따라 흐름의 분석이 어려워 질 수 있습니다.

내용	결과	연습
밖에 비가 오는가? 비가 온다면 집에서 영화를 본다. 비가 오지 않는다면 밖에서 농구를 한다.	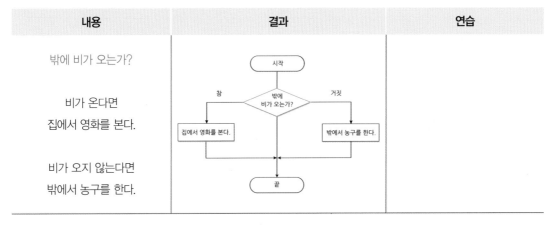	

연습문제 ///

문제 01 다음 내용이 '순차', '반복', '선택' 중 어느 것과 가장 관계가 있는지 써보세요.

- 맘에 드는 음식 고르기, 일기예보 우산 준비   (①)

- 게임기 설명서, 음식점 메뉴판   (②)

- 학원 셔틀버스 기다리기, 신호등 색 바꾸기   (③)

문제 02 민경이는 친구에게 전화가 걸려와 전화를 받았습니다. 그리고 친구와 만나기로 약속을 하고, 약속장소로 나갔습니다. 민경이의 동작을 표로 순서대로 정리하여 보고, 알고리즘의 어떤 구조에 해당하는지 생각해보세요.

1		
2		( ) 구조
3		
4		

문제 03 앤아이동산에 있는 롤러코스터는 탑승자의 키가 140cm가 넘어야 이용이 가능합니다. 다음 빈 칸과 도형에 알맞은 문장을 적어보고, 이 문제가 알고리즘의 어떤 구조에 해당하는지 생각해보세요.

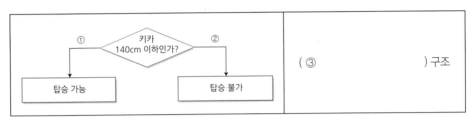

문제 04 진성이는 아침마다 윗몸일으키기를 30번씩 하고 아침을 먹습니다. 다음 빈 도형에 알맞은 문장을 적어보고, 진성이의 동작이 알고리즘의 어떤 구조에 해당하는지 생각해보세요.

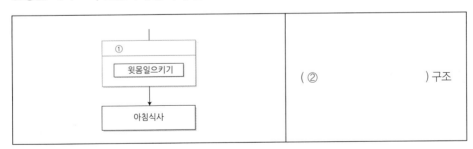

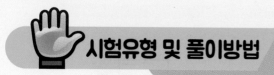

⏳ **TIP** 　2과목 풀이

순서도 기호에 대한 선행학습이 필요합니다. 그리고 문제의 상황에 맞게 〈보기〉의 문장들을 순서대로 나열할 수 있어야 합니다.

■ 알고리즘(순서도) 풀이 방법

순서	내용
step1.	문제의 흐름을 이해합니다.
step2.	문제의 보기를 정렬합니다.
step3.	내용에 맞는 순서도 기호를 선택합니다.
step4.	문제의 순서도 문항(번호)에 맞는 5개의 답안을 작성합니다.

[예제]

Q. 두성이는 주말을 맞아 가족들과 이한랜드에 놀러가기로 했다. 차를 타고 가다가 톨게이트에 도착했을 때, 배가 고프면 톨게이트 옆에 있는 휴게소에 들르기로 했다. 〈보기〉를 참고하여 〈문제〉의 빈칸을 완성하시오.

┤ 보기 ├

〈이한랜드 가는 길〉

- 배가 고픈가?　　　　　　　- 톨게이트에 도착했는가?

- 고속도로 달리기　　　　　　- 이한랜드 도착

- 휴게소 가기　　　　　　　　- 가족들과 차타기

- 고속도로 달리기

문제

※ 답안 작성 요령 : 〈보기〉를 참고하여 작성하되, 〈이한 랜드 가는 길〉에서 적절한 내용을 골라 빈 칸 ① ~⑤를 채워 넣으시오.

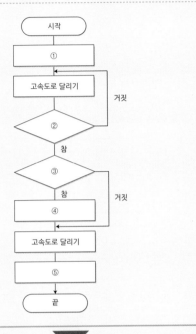

문제를 읽고 큰 흐름 정리

차를 타고 가다가 → 톨게이트에 도착했을 때 → 배가고프면 → 휴게소에 들른다.

〈보기〉 내용의 순서 정하기

내용	순서	내용	순서
배가 고픈가?	4	톨게이트에 도착했는가?	3
고속도로 달리기	6	N랜드 도착	7
휴게소 가기	5	가족들과 차타기	1
고속도로 달기기	2		

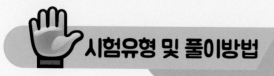

내용	순서	순서도내용	내용	순서	순서도 내용
가족들과 차 타기	1	처리	휴게소 가기	5	처리
고속도로 달리기	2	처리	고속도로 달리기	6	처리
톨게이트에 도착했는가?	3	조건(판단)	이한랜드 도착	7	처리
배가 고픈가?	4	조건(판단)			

순서대로 정렬하고 순서도 내용(기호) 선택하기

정답 작성하기

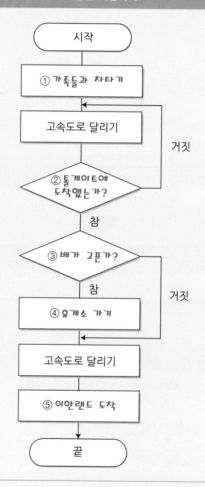

[예제]

Q. 서윤이는 학원 건물에 있는 지하 주차장에서 주차하는 알고리즘을 생각해보았다. 주차장에서는 더 이상 주차할 곳이 없으면 '주차불가'라고 알려준다. 〈보기〉를 참고하여 〈문제〉의 빈 칸을 완성하시오.

┤ **보기** ├

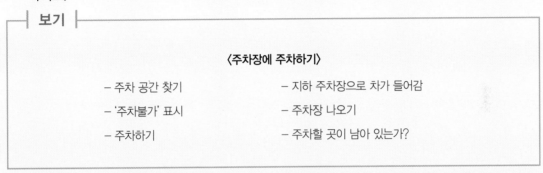

〈주차장에 주차하기〉

    – 주차 공간 찾기   – 지하 주차장으로 차가 들어감

    – '주차불가' 표시   – 주차장 나오기

    – 주차하기   – 주차할 곳이 남아 있는가?

문제

※ 답안 작성 요령 : 〈보기〉를 참고하여 작성하되, 〈주차장에서 주차하기〉에서 적절한 내용을 골라 빈 칸 ①~⑤를 채워 넣으시오.

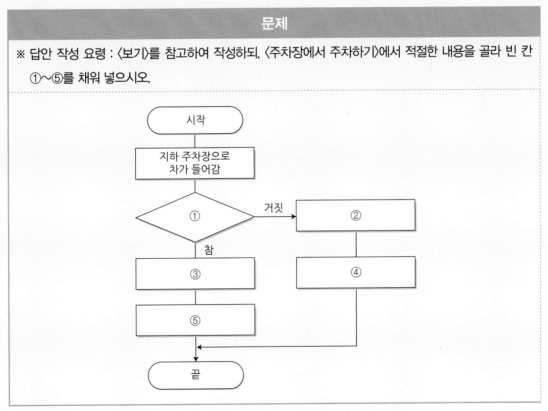

문제를 읽고 큰 흐름 정리

〈보기〉 내용의 순서 정하기			
내용	순서	내용	순서

순서대로 정렬하고 순서도 내용(기호) 선택하기					
내용 (참일 때)	순서	순서도내용	내용 (거짓일 때)	순서	순서도 내용

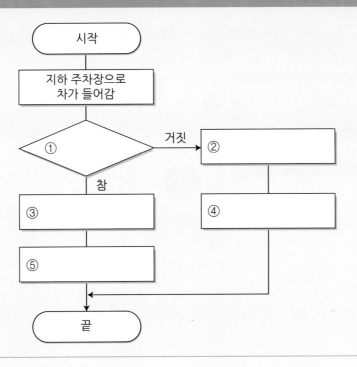

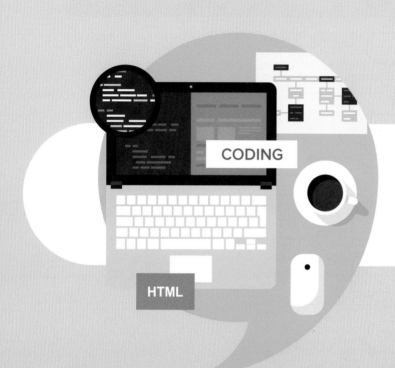

Part 3

엔트리 프로그래밍

Chapter 1 순차 · 반복 · 선택

Chapter 2 시작 및 신호보내기

Chapter 3 복제

Chapter 4 연산

Chapter 5 변수와 묻고 대답하기

Chapter 6 함수

Chapter 7 리스트

CHAPTER **01**

순차 · 반복 · 선택

순차   SECTION 1

반복   SECTION 2

선택   SECTION 3

학습 목표

- 순차 구조의 개념과 관련된 블록들을 이해할 수 있다.

- 반복 구조의 개념과 관련된 블록들을 이해할 수 있다.

- 선택 구조의 개념과 관련된 블록들을 이해할 수 있다.

- 다양한 블록들을 이용하여 개체를 움직이거나, 도형을 그릴 수 있다.

Section 01 순차

1. 순차 구조의 이해

• 가장 기본적인 프로그래밍 구조입니다.

• 컴퓨터는 위에서부터 아래로 차례대로 명령을 수행합니다.

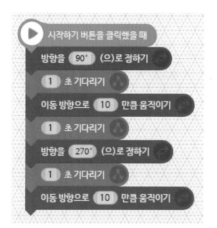

순서대로 위에서 아래로
한 번 실행하는 구조

⏳ TIP 방향 vs 이동방향

		0°	90°	180°	270°
방향	방향 (오브젝트의 회전) 일 때는 시계반대방향 회전	0°	90°	180°	270°
이동 방향	이동방향 (움직이는 방향 회전)	0°	90°	180°	270°

• 방향: 오브젝트가 회전됨에 따라 이동 방향(화살표 방향)도 같이 따라간다.

• 이동 방향: 이동 방향(화살표 방향)만 변경 된다.

2. 블록 이해하기

블록	설명
2 초 기다리기	입력한 초(시간)만큼 기다리기
이동 방향으로 10 만큼 움직이기	개체의 방향으로 ~만큼 움직이기
x: 0 y: 0 위치로 이동하기	입력한 위치 값으로 이동하기
이동 방향을 90 만큼 회전하기	개체의 방향을 선택 또는 입력한 방향으로 보기
안녕! 을(를) 4 초동안 말하기 ▾	입력한 글자를 입력한 초(시간) 동안 말하기
모양 보이기 모양 숨기기	개체를 무대에 나타나게 하거나 무대에서 보이지 않게 하기

⧖ TIP 이동 방향 블록 사용 시 회전방식의 이해

- 회전방식 : ↻ ↔ → 기본적으로 오브젝트는 회전으로 설정되어있습니다.
  엔트리는 스크래치와 다르게 회전, 이동 방향이 구분되어 있어 **오브젝트가 바라보는 방향과 실제로 움직이는 방향이 다를 수도 있습니다.**
- ↻ : 엔트리는 **이동 방향 블록 사용 시 회전에 영향을 주지 않습니다.**
  위 코딩 실행 시 🐸 오른쪽으로 100만큼 움직이고 🐸 왼쪽으로 100만큼 움직입니다.
- ↔ : 오브젝트의 **이동방향에 따라 좌·우 회전**이 됩니다. 이동방향이 오른쪽일 땐 오브젝트가 오른쪽을 바라보고, 이동방향이 왼쪽일 땐 오브젝트가 왼쪽을 바라봅니다.
  위 코딩 실행 시 🐸 오른쪽으로 100만큼 움직이고 🐸 왼쪽으로 100만큼 움직입니다.
- → : **회전 사용을 안 합니다.**

Section 02

반복

1. 반복 구조의 이해

- 특정 명령을 반복하는 논리 구조로, 반복 구간 안에 있는 블록들을 반복하여 실행합니다.
- 스크래치에서는 계속 반복하는 [무한 반복하기]와 특정횟수만큼 반복하는 [( )번 반복하기] 블록이 있습니다.

■ 무한 반복하는 구조

계속 반복 구조

■ 특정 횟수만큼 반복하는 구조

3번 반복 구조

2. 블록 이해하기

블록	설명
계속 반복하기	블록 안에 감싸고 있는 블록들을 무한 반복하여 실행
10 번 반복하기	입력한 횟수만큼 블록들을 반복하여 실행

⏳ TIP 도형 그리기

- 변의 개수와 각도를 이해하고 반복하기 블록을 사용하여 도형을 그릴 수 있습니다.
- 예) 삼각형 그리기 : 삼각형 3개의 각 → 3번 반복 → 한 각의 크기 360° / 3 = 120°

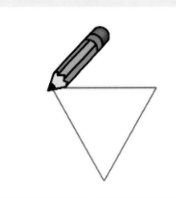
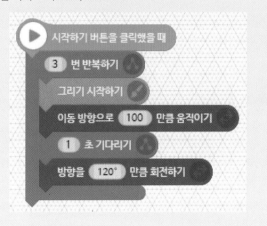

⏳ TIP 중심점 변경

- 오브젝트에 있는 중심점을 드래그하여 설정하기

Section 03

선택

1. 선택 구조의 이해

- 주어진 조건을 비교 판단하여 선택한 결과에 따라 처리하는 논리 구조입니다.

- 컴퓨터는 조건을 서로 비교하고 참 또는 거짓을 판단하여 처리 내용을 실행합니다.

■ 조건이 참일 때까지 반복하는 구조

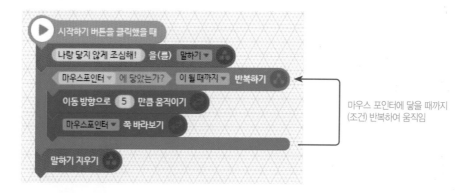

마우스 포인터에 닿을 때까지
(조건) 반복하여 움직임

■ 조건이 참일 때와 거짓일 때 다르게 실행되는 구조

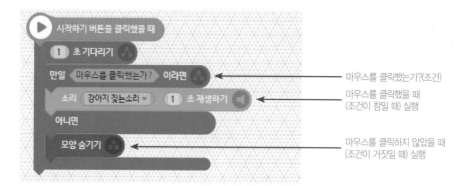

마우스를 클릭했는가?(조건)

마우스를 클릭했을 때
(조건이 참일 때) 실행

마우스를 클릭하지 않았을 때
(조건이 거짓일 때) 실행

■ 조건이 만족할 때 실행되는 구조

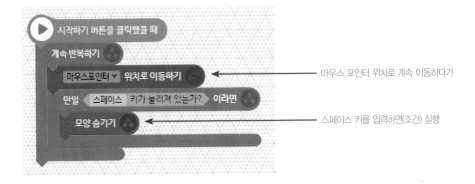

마우스 포인터 위치로 계속 이동하다가

스페이스 키를 입력하면(조건) 실행

2. 블록 이해하기

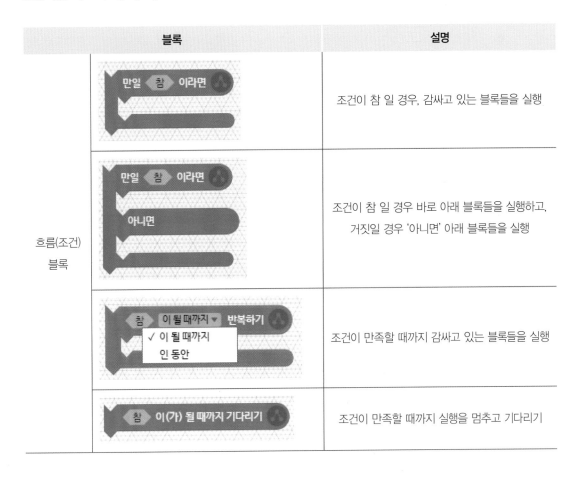

블록	설명
흐름(조건) 블록	
만일 참 이라면	조건이 참 일 경우, 감싸고 있는 블록들을 실행
만일 참 이라면 / 아니면	조건이 참 일 경우 바로 아래 블록들을 실행하고, 거짓일 경우 '아니면' 아래 블록들을 실행
참 이 될 때까지 반복하기 ✓ 이 될 때까지 / 인 동안	조건이 만족할 때까지 감싸고 있는 블록들을 실행
참 이(가) 될 때까지 기다리기	조건이 만족할 때까지 실행을 멈추고 기다리기

블록	설명
마우스포인터 ▾ 에 닿았는가?	마우스 포인터나 개체에 닿았는지 확인
마우스를 클릭했는가?	지정한 색에 개체가 닿았는지 확인
q 키가 눌러져 있는가?	마우스를 클릭했는지 여부를 확인
안녕! 을(를) 묻고 대답 기다리기 ? / 대답	특정 키보드가 눌렸는지 확인
10 < 10	첫 번째 값이 두 번째 값보다 작으면 참으로 판단
10 = 10	첫 번째 값과 두 번째 값이 같으면 참으로 판단
10 > 10	첫 번째 값이 두 번째 값보다 크면 참으로 판단
참 또는 ▾ 거짓	두 조건 중 하나라도 만족하면 참으로 판단
참 그리고 ▾ 참	두 조건을 동시에 만족하면 참으로 판단
참 (이)가 아니다	조건의 반대조건으로 참이면 거짓, 거짓이면 참으로 판단

판단(감지) 블록 · 판단(비교연산) 블록 · 판단(관계연산) 블록

⏳ **TIP** 조건의 '내용'으로 사용되는 블록들

- 판단 블록들은 독립적으로 사용할 수 없습니다.
- 해당 블록들은 조건 블록 안에서 조건의 '내용'으로 사용합니다.

연습문제

문제 **01** 곰과 코끼리가 대화를 하고 함께 이동하도록, 아래 〈조건〉에 맞게 코딩해보세요. (예제파일 : 1-1.ent)

- 엔트리 프로그램 화면 [블록 꾸러미]에서 필요한 블록을 가져다 사용한다.

- ▶ 시작하기 버튼을 클릭하면 곰이 "저쪽으로 가보자"라고 1초 동안 말하고, 1초 기다린다.

- 코끼리는 1초 기다린 후, "응 좋아"라고 1초 동안 말한다.

- 곰과 코끼리가 동시에 이동방향으로 100만큼 이동한다.

연습문제 /////////////////////////////////

문제 02 로봇은 계속 마우스를 따라 이동하고, 행성은 색깔이 바뀌며 오른쪽으로 이동하도록, 아래 〈조건〉에 맞게 코딩해보세요. (예제파일 : 1-2.ent)

- 엔트리 프로그램 화면 [블록 꾸러미]에서 필요한 블록을 가져다 사용한다.

- ▶ 시작하기 버튼을 클릭하면 로봇은 마우스 포인터 쪽을 바라보며 이동방향으로 3만큼 계속 반복하여 이동한다.

- 행성은 색깔 효과를 8만큼 200번 반복하여 바꾼다.

- 행성은 이동방향으로 2만큼 200번 반복하여 이동한다.

- 200번 반복 후엔 모든 코드를 멈춘다.

문제 03 키보드 방향키를 입력하면 해당 방향으로 꿀벌이 움직이도록, 아래 〈조건〉에 맞게 코딩해 보세요. (예제파일 : 1-3.ent)

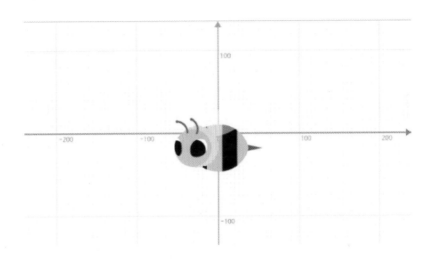

- 엔트리 프로그램 화면 [블록 꾸러미]에서 필요한 블록을 가져다 사용한다.

- ▶ 시작하기 버튼을 클릭하면 꿀벌은 x좌표 0, y좌표 0에 위치한다.

- 키보드의 왼쪽 화살표 키를 입력하면 꿀벌의 x좌표를 −10만큼 이동한다.

- 키보드의 오른쪽 화살표 키를 입력하면 꿀벌의 x좌표를 10만큼 이동한다.

- 키보드의 위쪽 화살표 키를 입력하면 꿀벌의 y좌표를 10만큼 이동한다.

- 키보드의 아래쪽 화살표 키를 입력하면 꿀벌의 y좌표를 −10만큼 이동한다.

문제 04 돌고래가 바닷가 쪽으로 이동할 수 있도록, 아래 〈조건〉에 맞게 코딩해보세요.
(예제파일 : 1-4.ent)

- 엔트리 프로그램 화면 [블록 꾸러미]에서 필요한 블록을 가져다 사용한다.

- ▶ 시작하기 버튼을 클릭하면 돌고래는 85 크기로 나타나, 좌우 모양을 뒤집고 x좌표 −150, y좌표 −50에 위치한다.

- "집에 돌아 가야지" 라고 1초 동안 말한다.

- 화면 끝에 닿을 때까지 0.5초 마다 모양을 바꾸며 이동방향으로 20만큼 반복하여 이 동한다.

- 화면 끝에 닿으면 모양을 숨긴다.

CHAPTER **02**

시작 및 신호보내기

시작 SECTION 1

신호보내기 SECTION 2

학습 목표

- 시작의 개념을 이용하여 프로그래밍 할 수 있다.
- 신호보내기를 통해 개체 간의 동작을 연결할 수 있다.

Section 01

시작

1. 시작 블록

- 블록들의 가장 맨 위에 위치하여 시작을 알리는 블록입니다.

- 시작 블록이 없거나 블록이 제대로 연결되어 있지 않으면 프로그램이 실행되지 않습니다.

- 그러므로 코딩 시 제일 먼저 고민하고 유의해야 하는 블록입니다.

2. 블록 이해하기

블록	설명
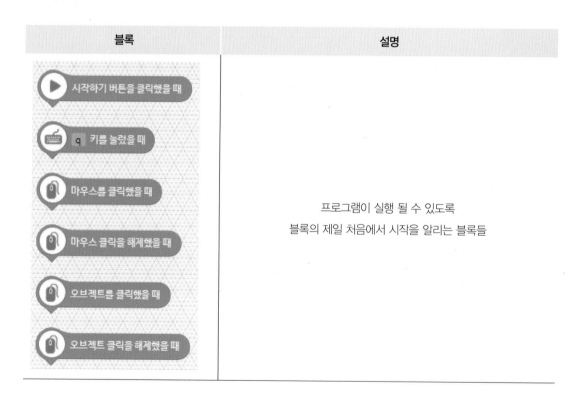	프로그램이 실행 될 수 있도록 블록의 제일 처음에서 시작을 알리는 블록들

신호보내기

1. 신호보내기 블록

- 개체 간의 연결 및 상호작용을 위해 신호보내기를 사용합니다.

- 한 개체에서 신호를 보내면 다른 개체가 신호를 받아서 처리합니다.

2. 신호보내기 만들기

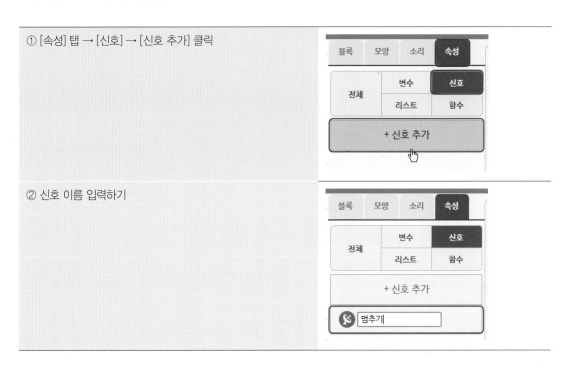

① [속성] 탭 → [신호] → [신호 추가] 클릭	
② 신호 이름 입력하기	

3. 블록 이해하기

블록	설명
대상없음 ▼ 신호 보내기	다른 개체나 블록에서 사용할 수 있도록 신호보내고 바로 아래 블록 실행
대상없음 ▼ 신호를 받았을 때	신호를 받으면 아래 붙은 블록들을 실행
대상없음 ▼ 신호 보내고 기다리기	신호를 보내고 신호를 받은 오브젝트가 실행이 끝날때까지 기다렸다가 다음 블록을 실행

연습문제

문제 01 노란새를 클릭하면 새가 날아가도록, 아래 〈조건〉에 맞게 코딩해보세요.
(예제파일 : 2-1.ent)

- 엔트리 프로그램 화면 [블록 꾸러미]에서 필요한 블록을 가져다 사용한다.

- ▶ 시작하기 버튼을 클릭하면 노란새는 x좌표 −130, y좌표 80에 위치하여 나타난다.

- 노란새를 클릭하면 0.1초 마다 이동방향으로 10만큼 20번 반복하여 이동한다.

연습문제

문제 02 입력한 숫자에 따라 물고기와 상어가 번갈아 보이도록, 아래 〈조건〉에 맞게 코딩해보세요.
(예제파일 : 2-2.ent)

- 엔트리 프로그램 화면 [블록 꾸러미]에서 필요한 블록을 가져다 사용한다.

- ▶ 시작하기 버튼을 클릭하면 물고기와 상어는 모양을 숨긴다.

- 1를 입력하면 물고기의 모양이 보이고, 상어의 모양은 숨긴다.

- 2를 입력하면 상어의 모양이 보이고, 물고기의 모양은 숨긴다.

- 상어나 물고기가 나타나면 마우스 포인터 쪽을 보여 이동방향으로 2만큼 계속 반복하여 이동한다.

문제 03 스페이스 키를 입력하면 무인자동차가 멈추도록, 아래 〈조건〉에 맞게 코딩해보세요.
(예제파일 : 2-3.ent)

- 엔트리 프로그램 화면 [블록 꾸러미]에서 필요한 블록을 가져다 사용한다.

- ▶ 시작하기 버튼을 클릭하면 무인자동차는 이동방향으로 2만큼 계속 반복하여 이동한다.

- 이동 중 화면 끝에 닿으면 튕긴다.

- 키보드의 스페이스 키를 입력하면 '정지' 신호를 보낸다.

- 무인자동차가 '정지' 신호를 받으면 자신의 다른 코드를 멈추고, "STOP"이라고 1초 동안 말한다.

연습문제

문제 04 드럼을 클릭하면 드럼 비트를 따라 댄스로봇이 춤을 추도록, 아래 〈조건〉에 맞게 코딩해 보세요. (예제파일 : 2-4.ent)

- 엔트리 프로그램 화면 [블록 꾸러미]에서 필요한 블록을 가져다 사용한다.

- ▶ 시작하기 버튼을 클릭하면 댄스로봇은 모양을 숨긴다.

- 드럼을 클릭하면 '춤추기' 신호를 보내고, 0.1초 마다 크기를 10만큼 커졌다 작아졌다 를 계속 반복한다.

- 댄스로봇은 '춤추기' 신호를 받으면 모양이 나타난다.

- 댄스로봇이 0.2초 마다 다른 모양으로 30번 반복하여 바꾼 후, 모든 코드를 멈춘다.

CHAPTER **03**

복제

복제하기   SECTION 1

도장찍기   SECTION 2

학습 목표

- 개체의 복제본을 만들 수 있다.
- 도장찍기를 하여 개체를 그림으로 만들 수 있다.
- 복제와 도장찍기의 차이점을 이해할 수 있다.

Section 01 복제하기

1. 복제하기 블록

- 개체를 복제하는 기능입니다.

- 횟수 반복 또는 계속 반복하기를 사용하여 원하는 만큼 개체를 복제할 수 있습니다.

- 복제본에도 코딩을 할 수 있어 다양한 기능을 부여할 수 있습니다.

2. 블록 이해하기

블록	설명
자신 ▼ 의 복제본 만들기	똑같은 개체 또는 선택한 다른 개체의 복제본 만들기
복제본이 처음 생성되었을때	복제본이 움직일 수 있도록 실행
이 복제본 삭제하기	생성된 복제본을 하나씩 삭제
모든 복제본 삭제하기	해당 개체의 모든 복제본을 한번에 삭제

Section 02 도장찍기

1. 도장찍기 블록

• 도장을 찍는 것처럼 개체를 그림으로 찍는 기능입니다.

2. 블록 이해하기

블록	설명
도장찍기	해당 개체를 그림으로 도장 찍음
모든 붓 지우기	도장 없애기

⏳ **TIP** 복제하기 VS 도장찍기

• 두 기능을 혼동하는 경우가 있으나, 두 기능은 전혀 다른 기능을 하는 블록입니다.
• 가장 큰 차이점은 복제를 하거나 도장을 찍은 대상에 '코딩을 할 수 있는가? 하는 여부입니다.

구분	[붓] – [도장찍기] 블록	[흐름] – [복제하기] 블록
실행시	그림으로 도장 찍힘	개체가 복제됨
삭제시	[지우기] 블록 사용	[이 복제본 삭제하기] 블록 사용
코딩 가능 여부	X	O [복제가 되었을 때] 블록 사용

연습문제

 좌우로 이동하는 구름에서 눈이 내리도록, 아래 〈조건〉에 맞게 코딩해보세요.
(예제파일 : 3-1.ent)

- 엔트리 프로그램 화면 [블록 꾸러미]에서 필요한 블록을 가져다 사용한다.

- ▶ 시작하기 버튼을 클릭하면 구름은 맨 앞으로 위치하고, 눈은 모양을 숨긴다.

- 구름은 이동방향으로 2만큼 반복하여 이동하다가 화면 끝에 닿으면 튕긴다.

- 눈이 0.5초 마다 자신을 계속 반복하여 복제한다.

- 구름에서 눈이 내리도록 한다.

  (1) 눈이 복제되면 구름 위치에서 나타난다.

  (2) 이동방향을 180°로 정한다.

  (3) 이동방향으로 5만큼 30번 반복하여 이동한 후, 모양을 숨긴다.

문제 **02** 별이 이동하면서 복제 되어 색깔이 변하다가 일정 시간 후 사라지도록, 아래 〈조건〉에 맞게 코딩해보세요. (예제파일 : 3-2.ent)

- 엔트리 프로그램 화면 [블록 꾸러미]에서 필요한 블록을 가져다 사용한다.

- ▶ 시작하기 버튼을 클릭하면 별은 계속 이동하면서 복제된다.

   (1) 0.5초마다 이동방향을 2˚만큼 돌아 50만큼 계속 반복하여 이동한다.

   (2) 0.5초 마다 자신을 계속 반복하여 복제한다.

   (3) 별은 이동하다가 화면 끝에 닿으면 튕긴다.

- 별이 복제되면 색깔 효과를 10만큼 계속 반복하여 바꾼다.

- 별은 복제되고 3초 후 사라진다.

연습문제

문제 03 하트의 모양을 바꿔가며 방에 하트도장을 찍을 수 있도록, 아래 〈조건〉에 맞게 코딩해보세요. (예제파일 : 3-3.ent)

- 엔트리 프로그램 화면 [블록 꾸러미]에서 필요한 블록을 가져다 사용한다.

- ▶ 시작하기 버튼을 클릭하면 하트가 마우스 포인터 위치로 계속 반복하여 이동한다.

- 마우스를 클릭하여 하트도장을 찍는다.

- 키보드의 1키를 입력하면 다음 모양으로 바뀐다.

- 키보드의 스페이스 키를 입력하면 모든 도장을 지운다.

문제 04 나무를 클릭하면 동산에 꽃도장이 찍히도록, 아래 〈조건〉에 맞게 코딩해보세요.
(예제파일 : 3-4.ent)

- 엔트리 프로그램 화면 [블록 꾸러미]에서 필요한 블록을 가져다 사용한다.

- ▶ 시작하기 버튼을 클릭하면 꽃은 모양을 숨긴다.

- 나무를 클릭하면 '꽃피우기' 신호를 보낸다.

- 꽃은 '꽃피우기' 신호를 받으면 나타나 다음 위치에 각각 도장을 찍은 후, 모양을 숨긴다.

  (1) x좌표 −160, y좌표 20

  (2) x좌표 −70, y좌표 −82

  (3) x좌표 36, y좌표 −20

CHAPTER **04**

연산

연산의 이해   SECTION 1

난수 만들기   SECTION 2

학습 목표

- 연산의 종류와 의미를 알 수 있다.
- 산술연산, 비교연산, 논리연산을 활용 할 수 있다.
- 난수의 의미를 알고 프로그래밍 할 수 있다.

Section 01

연산의 이해

1. 연산의 종류

- 연산에는 사칙연산을 하는 산술연산, 크고 작음을 비교하는 비교연산, 여러 개의 상황을 참·거짓으로 판단하는 논리연산이 있습니다.

- 연산자를 사용하면 프로젝트를 논리적으로 움직일 수 있도록 코딩 할 수 있습니다.

2. 블록 이해하기

블록		설명
산술 연산	10 + 10 10 - 10 10 x 10 10 / 10	사칙연산
비교 연산	10 > 10 10 ≥ 10 10 < 10 10 ≤ 10 10 = 10	양쪽을 비교하여 참/거짓을 판별
논리 연산	참 그리고 참 참 또는 거짓 참 (이)가 아니다	– 그리고 : 둘다 참이면 참 – 또는 : 하나라도 참이면 참 – 아니다 : 원래 값의 반대

Section 02

난수 만들기

1. 난수란?

• 지정한 범위 안에서 뽑아 낸 무작위 수를 난수라고 합니다.

2. 블록 이해하기

블록	설명	예
0 부터 10 사이의 무작위 수	입력한 수 사이에서 랜덤으로 숫자를 선택	Q. 프로그램을 실행할 때마다 1~50까지 숫자 중 랜덤으로 선택하여 말하기 ▶ 시작하기 버튼을 클릭했을 때 1 부터 50 사이의 무작위 수 을(를) 말하기 ▼ 33 A. 결과 :

⌛ TIP   결합하기 블록

• 블록과 블록 또는 블록과 글자를 함께 사용할 때 유용합니다.
• 다음과 같이 글자를 입력하거나 블록을 삽입해서 사용합니다.

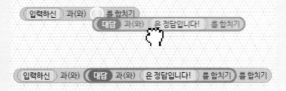

문제 01 박쥐가 오른쪽으로 이동하다가 2초 후 왼쪽으로 이동하도록, 아래 〈조건〉에 맞게 코딩해 보세요. (예제파일 : 4-1.ent)

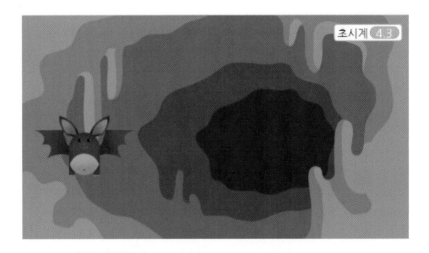

- 엔트리 프로그램 화면 [블록 꾸러미]에서 필요한 블록을 가져다 사용한다.

- ▶ 시작하기 버튼을 클릭하면 박쥐는 x좌표 −120, y좌표 −23에 위치한다.

- 초시계를 시작하고 화면 끝에 닿을 때까지 박쥐가 계속 반복하여 이동한다.

- 박쥐는 이동방향으로 2만큼씩 이동하다가, 초시계 값이 2초가 넘으면 이동방향으로 −2만큼씩 이동한다.

문제 02 나무를 클릭하면 "얍!" 소리와 함께 나무 꼭대기에 별장식이 나타나도록, 아래 〈조건〉에 맞게 코딩해보세요. (예제파일 : 4-2.ent)

- 엔트리 프로그램 화면 [블록 꾸러미]에서 필요한 블록을 가져다 사용한다.

- ▶ 시작하기 버튼을 클릭하면 별장식은 모양을 숨긴다.

- 나무를 클릭하면 나무는 "얍!"이라고 말하며 '꾸미기' 신호를 보낸다.

- 별장식이 '꾸미기' 신호를 받으면 x좌표는 나무의 x좌표값, y좌표는 나무의 y좌표값 +100 에 위치하여 나타난다.

연습문제

 강아지가 돌아다니다가 바나나에 닿으면 크기가 작아지고 사과에 닿으면 크기가 커지도록, 아래 〈조건〉에 맞게 코딩해보세요. (예제파일 : 4-3.ent)

- 엔트리 프로그램 화면 [블록 꾸러미]에서 필요한 블록을 가져다 사용한다.

- ▶ 시작하기 버튼을 클릭하면 강아지는 90 크기로 나타난다.

- 강아지가 잔디밭을 돌아다닌다.

  (1) 이동방향을 −15~15 사이의 난수만큼 회전한다.

  (2) 이동방향으로 2만큼씩 움직인다.

  (3) 이동하다가 화면 끝에 닿으면 튕긴다.

- 바나나에 닿으면 크기가 70으로 작아지고, 사과에 닿으면 크기가 120으로 커진다.

문제 **04** 미끄럼틀 안에서 다양한 색깔의 축구공이 5~10개 날아오도록, 아래 〈조건〉에 맞게 코딩해보세요. (예제파일 : 4-4.ent)

- 엔트리 프로그램 화면 [블록 꾸러미]에서 필요한 블록을 가져다 사용한다.

- ▶ 시작하기 버튼을 클릭하면 축구공은 모양을 숨긴다.

- 축구공은 0.2초 마다 색깔 효과를 5만큼 바꾸며 자신을 5~10번 반복하여 복제한다.

- 축구공이 나타나 이곳저곳으로 날아간다.

    (1) 복제본이 생기면 모양이 보인다.

    (2) 1초 동안 x좌표 −180~180, y좌표 −95만큼 움직인다.

    (3) 이동이 끝나면 해당 복제본이 삭제된다.

CHAPTER **05**

변수와 묻고 대답하기

변수의 이해   SECTION 1

묻고 대답하기   SECTION 2

학습 목표

- 변수의 개념을 이해할 수 있다.
- 변수를 생성하고 변수의 이름을 지정할 수 있다.
- 프로그램에서 질문을 하고 대답을 입력받을 수 있다.

Section 01

변수의 이해

1. 변수

- 데이터를 저장하는 임시 저장 공간을 변수라고 합니다.

- 변수는 '변'하는 '수'라는 의미로 들어가는 값이 항상 변합니다.

- 즉, 변수라는 공간은 한 개의 값만 저장이 가능하고, 새로운 값을 저장하게 되면 전에 저장된 값은 사라집니다.

- 엔트리에서는 [속성] - [변수]를 통해 변수를 생성합니다.

- 엔트리에서 변수를 사용하는 방법은 크게 2가지입니다.

  - 첫 째, [속성] - [변수]에서나 관련된 변수 블록을 사용하여 내가 만든 변수에 값을 넣을 수 있습니다.

  - 둘째, 안녕! 을(를) 묻고 대답 기다리기 블록을 사용해 묻고, 입력받은 값은 대답 변수에 저장됩니다.

2. 변수 만들기

① [속성] 탭 → [변수] → [변수 추가] 클릭	
② 변수 이름 입력 → [확인] 클릭	
③ '속도' 변수 관련 블록 생성	

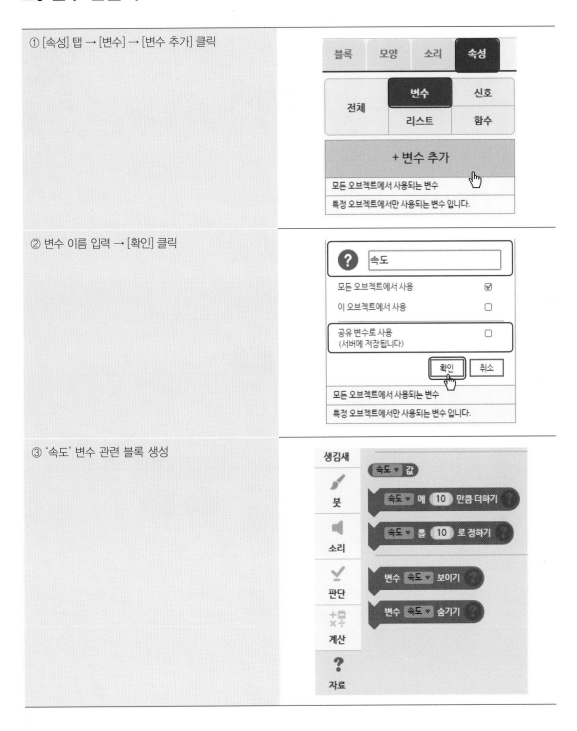

묻고 대답하기

1. 묻고 대답하기 블록

- 사용자가 입력한 값을 다양하게 응용할 수 있는 기능입니다.

- [( ) 을(를) 묻고 기다리기] 블록을 사용하여 묻고, 입력받은 값은 [대답] 변수에 저장됩니다.

- [( ) 을(를) 묻고 기다리기] 블록 사용 방법

* [블록] 탭 → [자료] →
  [( )을(를) 묻고 대답 기다리기]를 선택

* 코드 영역으로 끌어오기

* 질문 내용을 텍스트 란에 입력하기

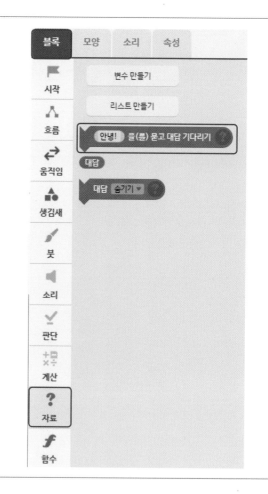

2. 묻고 대답하기 블록의 활용

① "숫자를 입력하세요." 묻고 기다린 후,
   [대답]을 '2'초 동안 말하기

② 사용자가 답(5) 입력하기

③ 대답 말하기

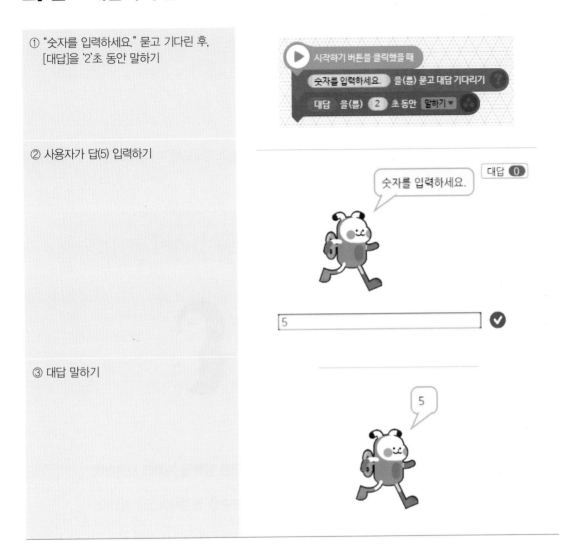

연습문제

문제 01 키보드의 위/아래 방향키로 펭귄의 이동 속도를 조절하도록, 아래 〈조건〉에 맞게 코딩해 보세요. (예제파일 : 5-1.ent)

- 엔트리 프로그램 화면 [블록 꾸러미]에서 필요한 블록을 가져다 사용한다.

- ▶ 시작하기 버튼을 클릭하면 펭귄은 '속도' 변수를 생성하여 5로 정한다.

- 펭귄은 이동방향으로 '속도' 만큼 계속 반복하여 이동하면서 화면 끝에 닿으면 튕긴다.

- 키보드의 위쪽 방향키를 입력하면 '속도'가 1만큼 빨라지고, 키보드의 아래쪽 방향키 를 입력하면 '속도'가 1만큼 느려진다.

문제 **02** 동전을 찍은 개수만큼 변수 값이 증가하도록, 아래 〈조건〉에 맞게 코딩해보세요.
(예제파일 : 5-2.ent)

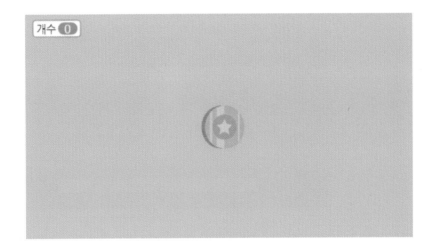

- 엔트리 프로그램 화면 [블록 꾸러미]에서 필요한 블록을 가져다 사용한다.

- ▶ 시작하기 버튼을 클릭하면 동전은 '개수' 변수를 생성하고, 마우스 포인터 위치로 계속 반복하여 이동한다.

- 키보드의 1키를 입력하면 도장을 찍고 '개수'에 1만큼 더한다.

- 키보드의 2키를 입력하면 모든 도장을 지우고 '개수'를 0으로 초기화한다.

연습문제

문제 03 토끼가 당근을 떨어뜨릴 방향을 물으면 대답한 방향으로 당근이 떨어지도록, 아래 〈조건〉에 맞게 코딩해보세요. (예제파일 : 5-3.ent)

- 엔트리 프로그램 화면 [블록 꾸러미]에서 필요한 블록을 가져다 사용한다.

- ▶ 시작하기 버튼을 클릭하면 당근은 모양을 숨긴다.

- 토끼는 대답을 숨기고, "당근을 떨어뜨릴 방향은? (왼쪽/오른쪽)" 이라고 묻고 기다린다.

- 대답한 방향이 왼쪽이면 '왼쪽' 신호를 보내고, 오른쪽이면 '오른쪽' 신호를 보낸다. (단, 왼쪽/오른쪽 외의 답에는 어떤 신호도 보내지 않음)

- 당근이 대답한 방향에서 떨어진다.

  (1) '왼쪽' 신호를 받으면 x좌표 −165, y좌표 90 위치에서, '오른쪽' 신호를 받으면 좌표 165, y좌표 90 위치에서 나타난다.

  (2) y좌표를 −10만큼 20번 반복하여 이동한다.

문제 04 다람쥐가 곱셈을 하도록, 아래 〈조건〉에 맞게 코딩해보세요. (예제파일 : 5-4.ent)

- 엔트리 프로그램 화면 [블록 꾸러미]에서 필요한 블록을 가져다 사용한다.

- ▶ 시작하기 버튼을 클릭하면 다람쥐는 "첫번째 숫자는?" 이라고 묻고, '숫자1' 변수를 생성하여 대답한 숫자를 넣는다.

- "두번째 숫자는?" 이라고 묻고, '숫자2' 변수를 생성하여 대답한 숫자를 넣는다.

- '결과' 변수를 생성하여 '숫자1'과 '숫자2'를 곱한 결과를 넣는다.

- 다람쥐가 결과를 1초 동안 말한다.

CHAPTER **06**

함수

함수의 이해 SECTION 1

함수 만들기 SECTION 2

학습 목표

- 함수의 개념을 이해할 수 있다.
- 필요한 함수를 생성하고 활용하여 프로그래밍 할 수 있다.

함수의 이해

- 추가블록이란 자주 사용하는 명령어들의 블록을 하나의 블록으로 만들어 놓고 필요할 때마다 호출하여 사용할 수 있도록 미리 만들어 놓은 것입니다.

- 반복되는 구문을 추가블록으로 만들어 사용하면 프로그램이 쉽고 간결해집니다.

- 예) 다음 문장들의 공통된 동작은 무엇일까요?

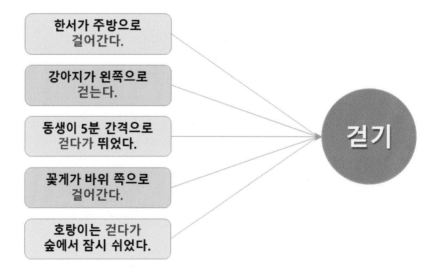

Section
02

함수 만들기

① [속성] 탭 → [함수] → [함수 추가] 클릭

② 함수 이름 입력 →
[함수] 블록에 '걷기' 함수 생성 완료

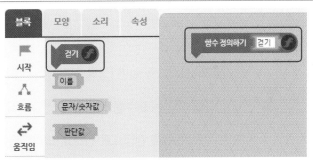

③ 블록 코딩 →[확인] 클릭

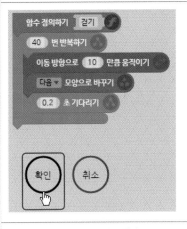

④ 함수 사용하기

연습문제 ///

 색깔이 다른 삼각형 5개를 연속하여 그리도록, 아래 〈조건〉에 맞게 코딩해보세요.
(예제파일 : 6-1.ent)

- 엔트리 프로그램 화면 [블록 꾸러미]에서 필요한 블록을 가져다 사용한다.

- '삼각형' 이라는 함수를 생성하여, 연필이 삼각형을 그리는 동작을 만든다.

  (1) 연필의 색을 랜덤으로 정하고, 그리기를 시작한다.

  (2) 0.1초 마다 이동방향을 120˚ 회전하여 이동방향으로 100만큼 3번 반복하여 이동한다.

  (3) 3번 반복이 끝나면 그리기를 멈춘다.

- ▶ 시작하기 버튼을 클릭하면 x좌표를 50만큼 이동하며 삼각형을 5번 그린다.

문제 **02** 곰이 바위를 만나면 점프하면서 계속 움직이도록, 아래 〈조건〉에 맞게 코딩해보세요. (예제파일 : 6-2.ent)

- 엔트리 프로그램 화면 [블록 꾸러미]에서 필요한 블록을 가져다 사용한다.

- '점프' 라는 함수를 생성하여, 곰이 점프하는 동작을 만든다.

- (1) 곰이 0.1초 마다 50만큼 올라가기를 3번 반복한다.

- (2) 0.1초 후 이동방향으로 100만큼 이동한다.

- (3) 다시 0.1초 마다 50만큼 내려오기를 3번 반복한다.

- ▶ 시작하기 버튼을 클릭하면 곰이 0.1초 마다 이동방향으로 10만큼 계속 이동하면서 화면의 벽에 닿으면 튕긴다.

- 이동하다가 바위를 만나면 점프를 한다.

CHAPTER 07

리스트

리스트의 이해   SECTION 1

리스트 만들기   SECTION 2

리스트 항목 추가 및 삭제   SECTION 3

리스트 관련 블록 이해하기   SECTION 4

학습 목표

- 리스트의 의미와 개념을 이해할 수 있다.
- 리스트를 추가하거나 삭제 할 수 있다.
- 리스트의 항목을 자유롭게 바꿀 수 있다.

리스트의 이해

1. 리스트(List)란?

• 데이터를 여러 개 저장하는 임시 저장 공간입니다.

• 변수와 리스트는 공통적으로 값을 저장할 수 있습니다.

• 하지만 변수는 값을 1개만 저장할 수 있지만, 리스트는 여러 개의 값을 목록으로 저장할 수 있습니다.

2. 리스트의 개념 이해하기

1	2	3	4

• 리스트에 항목 추가 시 1부터 차곡차곡 저장됩니다.

• 리스트는 중간에 공백이 있을 수 없으며, 중간에 항목을 삭제하면 뒤에 항목이 앞으로 밀려와 자동으로 재배치됩니다.

• 현재 항목이 4개인데 6번째 항목을 추가할 수 없습니다.

⏳ TIP   리스트의 예

리스트는 비슷한 성격을 가진 자료를 정리한 구조라고 생각하면 됩니다. 일상생활에서 가족들 전화번호를 정리해서 적어둔 명단이나 내가 하고 싶은 버킷리스트를 목록으로 적어두었다면 이런 것들이 모두 리스트라고 할 수 있습니다.

리스트 만들기

① [속성] 탭 → [리스트] → [리스트 추가] 클릭

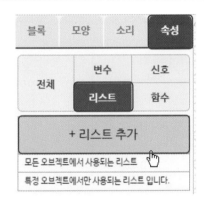

② 리스트 이름 입력 → [확인] 클릭

③ [자료] 블록에 '과일' 리스트 관련 블록 생성

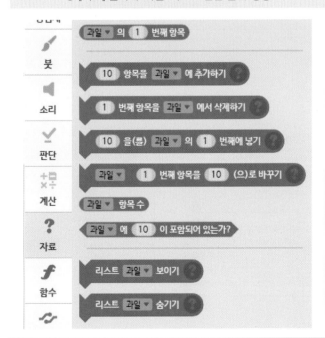

④ 리스트 저장소

과일

Section 03

리스트 항목 추가 및 삭제

1. 리스트 항목 추가하기

① [대답]을 5번 반복하여 리스트에 넣기		② 리스트 결과 화면
– 블록을 사용하여 리스트 항목 추가	예) [속성]탭에서 리스트 항목 추가	

– 블록을 사용하여 리스트 항목 추가

```
시작하기 버튼을 클릭했을 때
5 번 반복하기
  좋아하는 과일은? 을(를) 묻고 대답 기다리기
  대답 항목을 과일 ▼ 에 추가하기
```

예) [속성]탭에서 리스트 항목 추가

☰ 과일

리스트 보이기 ☑

리스트 항목 수 ― 5 ＋

1 딸기 ✕
2 바나나 ✕
3 포도 ✕
4 참외 ✕
5 배 ✕

② 리스트 결과 화면

과일
1 딸기
2 바나나
3 포도
4 참외
5 배

2. 리스트 항목 삭제하기

① '2'를 입력하여 2번째 항목을 리스트에서 삭제하기		② 리스트 결과 화면('바나나'가 삭제된 결과)

– 블록을 사용하여 리스트 항목 추가

```
2 번째 항목을 과일 ▼ 에서 삭제하기
```

예) [속성]탭에서 리스트 항목 추가

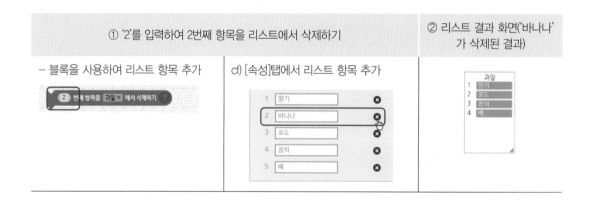

② 리스트 결과 화면('바나나'가 삭제된 결과)

과일
1 딸기
2 포도
3 참외
4 배

리스트 관련 블록 이해하기

블록	설명
10 항목을 과일▼ 에 추가하기	리스트에 항목을 추가하기
1 번째 항목을 과일▼ 에서 삭제하기	리스트의 n번째 항목을 삭제하기
10 을(를) 과일▼ 의 1 번째에 넣기	n번째 리스트 공간에 항목을 추가하기
과일▼ 1 번째 항목을 10 (으)로 바꾸기	n번째 리스트 항목의 내용을 바꾸기
과일▼ 의 1 번째 항목	n번째 리스트의 항목 값(내용)
과일▼ 항목 수	리스트가 가진 항목의 개수
과일▼ 에 10 이 포함되어 있는가?	리스트에 해당 항목의 값(내용)이 있는가?
리스트 과일▼ 보이기 리스트 과일▼ 숨기기	리스트를 무대에 보이기 또는 숨기기

연습문제 //

 꼬마의 질문에 따라 대답을 작성할 수 있도록, 아래 〈조건〉에 맞게 코딩해보세요.
(예제파일 : 7-1.ent)

- 엔트리 프로그램 화면 [블록 꾸러미]에서 필요한 블록을 가져다 사용한다.

- '받고 싶은 생일선물' 리스트를 생성한다.

- ▶ 시작하기 버튼을 클릭하면 꼬마는 대답을 숨긴다.

- 꼬마가 "생일날 받고 싶은 선물을 말해봐!" 라고 5번 반복하여 물어본다.

- 꼬마가 질문할 때마다 대답을 입력하여 '받고 싶은 생일선물'에 추가한다.

- '받고 싶은 생일선물'에 총 5개의 대답이 입력된다.

문제 02 1~500 사이의 숫자 중 10개의 행운번호 뽑기! 단, 행운번호에 숫자 '100'이 꼭 포함되도록, 아래 〈조건〉에 맞게 코딩해보세요. (예제파일 : 7-2.ent)

- 엔트리 프로그램 화면 [블록 꾸러미]에서 필요한 블록을 가져다 사용한다.

- '행운번호 리스트' 리스트를 생성한다.

- ▶ 시작하기 버튼을 클릭하면 안내로봇은 1~500사이의 숫자 중 무작위 수 1개를 뽑아 '행운번호 리스트'에 10번 반복하여 추가한다.

- '행운번호 리스트'에서 1~10번째 항목의 값을 100으로 바꾼다.

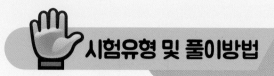

⌛ TIP   3과목 풀이

무엇을 묻는 문제인지 정확하게 파악하여야 합니다. 그리고 〈보기〉안에는 정답이 되는 주요한 요소와 힌트가 있으므로, 〈보기〉의 내용을 잘 이해하여 문제를 풀어야 합니다.

■ 프로그래밍 문제 풀이 요령

요령	내용
step1.	5개 문제 모두 블록이 주어지지 않은 상태에서 문제를 해결해야 합니다.
step2.	왼쪽의 [블록 꾸러미]에서 블록을 가져와 코딩합니다.
step3.	문제의 내용을 분석하여 블록들을 준비합니다.
step4.	스프라이트 별로 문제 요소들을 구별합니다.
step5.	준비된 블록을 조립합니다.
step6.	블록을 완성하면 프로그램을 실행하여 오류가 없는지 검토합니다.

[예제]

Q. 나무에서 원하는 개수만큼 사과가 떨어지도록, 아래 〈조건〉에 맞게 코딩하시오.

〈조건〉
• 엔트리 프로그램 화면 [블록 꾸러미]에서 필요한 블록을 가져다 사용한다.
• 시작하기 버튼을 클릭하면 나무는 "필요한 사과 개수는?" 이라고 묻고 기다린다.
• 사과는 모양을 숨긴다.
• 대답을 입력하면 나무는 사과를 대답 수만큼 반복하여 복제한다.
• 사과가 나타나 0.5초 동안 x좌표 −170~170, y좌표 −80 위치로 이동한다.

▼

		〈조건〉 내용을 분석하여 블록 준비	
조건	**오브젝트**	**블록**	
시작하기 버튼을 클릭하면 나무는 "필요한 사과 개수는?" 이라고 묻고 기다린다.	나무	시작하기 버튼을 클릭하면	▶ 시작하기 버튼을 클릭했을 때
		"필요한 사과 개수는?" 이라고 묻고 기다린다.	필요한 사과 개수는? 을(를) 묻고 대답 기다리기
사과는 모양을 숨긴다.	사과	(시작이라는 내용은 없지만, 프로그램이 시작한 후 동작)	▶ 시작하기 버튼을 클릭했을 때
		모양을 숨긴다.	모양 숨기기
대답을 입력하면 나무는 사과를 대답 수만큼 반복하여 복제한다.	나무	대답을 입력하면	대답
		사과를 대답 수만큼 반복하여	대답 번 반복하기
		복제한다. (사과를 복제)	사과 ▼ 의 복제본 만들기
사과가 나타나 0.5초 동안 x좌표 −170~170, y좌표 −80 위치로 이동한다.	사과	사과가 나타나 (사과는 복제된 후 나타나야 함)	복제본이 처음 생성되었을때 / 모양 보이기
		0.5초 동안 x좌표 −170~170, y좌표 −80 위치로 이동한다.	
			0.5 초 동안 x: −170 부터 170 사이의 무작위 수 y: −80 위치로 이동하기

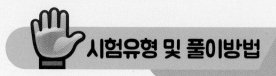

준비된 블록 조립	
나무	사과

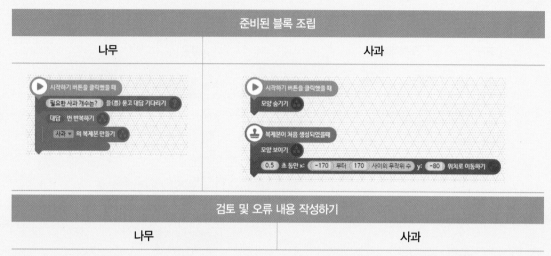

검토 및 오류 내용 작성하기	
나무	사과
(만약 코드에 오류가 있었다면 어느 부분에 오류가 있었고, 해결방법은 무엇인지 생각해봅니다.)	

[문제]

Q. 청소로봇이 지저분한 쓰레기를 청소하도록, 아래 〈조건〉에 맞게 코딩하시오.

〈조건〉

- 엔트리 프로그램 화면 [블록 꾸러미]에서 필요한 블록을 가져다 사용한다.
- 시작하기 버튼을 클릭하면 청소로봇은 2초 동안 "청소를 합시다" 라고 말한다.
- 청소로봇이 바닥에 지저분한 쓰레기를 청소한다.
    (1) 먼지쪽으로 0.1초마다 이동방향으로 15만큼 10번 반복하여 이동하고, '먼지청소' 신호를 보낸다.
    (2) 종이쪽으로 0.1초마다 이동방향으로 15만큼 10번 반복하여 이동하고, '종이청소' 신호를 보낸다.
- 먼지는 '먼지청소' 신호를 받으면 모양을 숨기고, 종이는 '종이청소' 신호를 받으면 모양을 숨긴다.

조건	오브젝트	블록 (필요한 블록을 끌어와 블록 영역에 준비합니다.)
		〈조건〉 내용을 분석하여 블록 준비
시작하기 버튼을 클릭하면 청소 로봇은 2초 동안 "청소를 합시다" 라고 말한다.		
청소로봇이 바닥에 지저분한 쓰레기를 청소한다.		
(1) 먼지쪽으로 0.1초마다 이동방향으로 15만큼 10번 반복하여 이동하고, '먼지청소' 신호를 보낸다.		
(2) 종이쪽으로 0.1초마다 이동방향으로 15만큼 10번 반복하여 이동하고, '종이청소' 신호를 보낸다.		
먼지는 '먼지청소' 방송을 받으면 모양을 숨기고, 종이는 '종이청소' 방송을 받으면 모양을 숨긴다.		

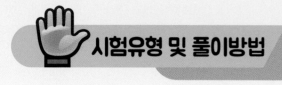

준비된 블록 조립		
청소로봇	먼지	종이

(각각의 스프라이트에 준비된 블록을 실제 조립해봅니다.)

검토 및 오류 내용 작성하기		
청소로봇	먼지	종이

Note

Part 4

피지컬 컴퓨팅

Chapter 1 피지컬 컴퓨팅
Chapter 2 센서

CHAPTER 01

피지컬 컴퓨팅

피지컬 컴퓨팅의 이해   SECTION 1

액추에이터의 이해   SECTION 2

학습 목표

- 피지컬 컴퓨팅의 개념을 알 수 있다.
- 액추에이터의 개념과 종류를 알 수 있다.
- 디지털 신호에 대해 이해할 수 있다.

피지컬 컴퓨팅의 이해

1. 피지컬 컴퓨팅(physical computing)이란?

- 피지컬 컴퓨팅(physical computing)이란 컴퓨터에 입력한 정보들을 여러 가지 디지털 장치를 통해 결과로 출력하는 것을 말합니다.

- 즉, 우리가 다양한 프로그래밍 언어를 통해 상황이나 조건에 대해 코딩하면, 그 결과를 센서 및 액추에이터를 통해 동작하여 나타냅니다.

- 피지컬 컴퓨팅은 디지털 세계와 물리적 현실이 서로 상호작용(interaction)하는 시스템입니다.

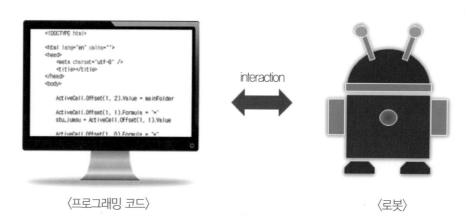

〈프로그래밍 코드〉   〈로봇〉

Section 02

액추에이터의 이해

- 액추에이터(actuator)는 주변의 각종 상황 정보를 인지한 결과나 코딩 또는 디지털 정보(전기신호)의 결과를 바탕으로 움직임을 보여주는 하드웨어입니다.

- 실생활에서 우리는 자동차, LED 전광판, 센서로봇, 드론, 스마트 도어락 등 다양한 액추에이터들을 쉽게 접하고 이용하고 있습니다.

- 예) 조종기의 버튼 값에 따라 동작하는 드론, 출력되는 전기 신호 값에 따라 동작하는 LED 소자

〈드론〉

〈LED 소자〉

⌛ **TIP**　　디지털 신호 알아보기

- 디지털 신호(digital signal)는 0과 1 값을 사용한 비연속적인 정보입니다.
- 이 값은 컴퓨터가 사용하는 2진수에 해당됩니다.
- 1값은 전기신호 있음(on), 0값은 전기신호 없음(off)을 의미합니다.

문제 01 피지컬 컴퓨팅은 우리가 프로그래밍 언어를 통해 코딩한 결과를 센서 및 액추에이터를 이용해 동작하도록 합니다. 즉, 피지컬 컴퓨팅은 디지털 세계와 물리적 현실이 서로 (   ) 하는 시스템을 말합니다. 빈 칸에 들어갈 말은 무엇일까요?

문제 02 컴퓨터에 자동차 로봇을 연결하여 스크래치로 코딩한 프로그램대로 동작하게 하였다. 이렇게 자동차 로봇처럼 코딩한 결과를 움직임으로 보여주는 장치를 무엇이라 하나요?

문제 03 연속되는 물리적인 값을 사용하는 아날로그 신호와 달리, 0과 1 값을 사용한 비연속적인 정보를 무엇이라 하나요?

문제 04 나라는 로봇이 연두색 길을 따라 가다가 보라색 LED 램프에 닿으면 불이 켜지는 보드를 만들었습니다.

〈로봇의 이동 알고리즘〉
1블록 이동 → 왼쪽으로 회전 → 1블록 이동 →
오른쪽으로 회전 → 2블록 이동 →
<u>보라색 LED램프 켜기</u>

이 때, 밑줄 친 부분의 경우 LED램프에 주어진 디지털 신호의 값은 얼마일까요?

CHAPTER **02**

센서

센서의 이해 SECTION 1

센서의 종류 SECTION 2

학습 목표

- 센서의 의미에 대해 알 수 있다.
- 다양한 센서의 종류에 대해 이해하고 구분할 수 있다.
- 실생활에서 사용하고 있는 센서의 예시를 찾을 수 있다.

Section 01

센서의 이해

- 센서(sensor)란 온도나 속도, 소리 등과 같은 물리적인 변화들을 전기적인 신호로 바꿔주는 하드웨어 장치를 말합니다.

- 사람이 주변의 다양한 환경들을 눈, 코, 입, 손으로 느끼듯이, 로봇은 다양한 센서들을 통해서 주변 환경을 인지합니다.

- 즉, 센서는 로봇의 감각기관이라고 할 수 있습니다.

- 예) 사람이 귀로 소리를 듣는 것처럼, 로봇은 소리 센서를 통해 소리를 인지할 수 있습니다.

〈사람의 귀〉   〈소리센서〉

⏳ TIP   센서와 액추에이터의 구분

- 센서는 온도나 속도, 소리 등 주변의 다양한 상황 변화들을 감지해주는 하드웨어입니다.
- 액추에이터는 코딩이나 디지털 정보의 결과를 움직임으로 보여주는 하드웨어입니다.
- 센서가 각종 상황 정보를 인지하면 해당되는 결과를 액추에이터가 동작하여 보여줍니다.

센서의 종류

종류	설명	예
거리	물체와 센서 사이의 거리 값에 따라 동작하는 센서	로봇청소기, 자동문
온도	온도 변화에 따라 동작하는 센서	난방기, 에어컨
소리	소리 값(강/약)에 따라 동작하는 센서	녹음기, 이어폰
빛	빛의 밝고 어두움의 정도에 따라 동작하는 센서	스마트폰 자동밝기 기능
버튼	버튼을 눌렀는가에 따라 동작하는 센서	선풍기, 유선 전화기
슬라이드	조절한 슬라이드 값에 따라 동작하는 센서	각종 볼륨 조절기
적외선	적외선을 통해 동작을 감지하는 센서	현관센서등

• 예) 거리 센서를 이용한 로봇 청소기

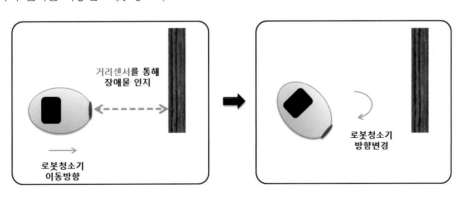

연습문제 ///////////////////////////////////////

문제 01 로봇의 감각기관이라고 할 수 있는 이것은 사람이 주변의 다양한 환경들을 눈, 코, 입, 손으로 느끼듯이, 로봇은 다양한 이것들을 통해서 주변 환경을 인지합니다. 이것은 무엇일까요?

문제 02 센서의 종류 중 아래 내용에 해당되는 부분을 보기에서 찾아 적어보세요.

① 온도센서   ② 소리센서   ③ 거리센서   ④ 버튼센서   ⑤ 빛센서

- 물체와 센서 사이의 거리 값에 따라 동작하는 센서   (①)
- 버튼을 눌렀는가에 따라 동작하는 센서   (②)
- 주변의 온도 변화에 따라 동작하는 센서   (③)
- 소리의 강·약에 따라 동작하는 센서   (④)
- 빛의 밝고 어두움의 정도에 따라 동작하는 센서   (⑤)

문제 03 주변에서 센서를 사용한 예를 찾아보고 어떤 센서를 사용하여 동작하는지 설명해보세요.

문제 04 다음 그림을 통해 로봇청소기의 동작원리를 생각해보세요.

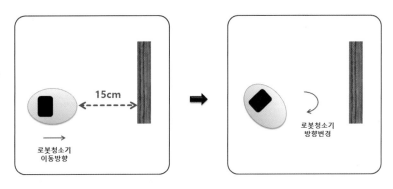

- 로봇청소기는 (①)센서를 사용하여 스스로 장애물이 있는지를 판단해 이동한다. 센서를 동작하여 로봇청소기와 장애물의 (①)가 (②)cm 이하가 되면 이동방향을 바꿔 움직인다.

⏳ TIP 4과목 풀이

피지컬 컴퓨팅의 개념을 정확히 알고, 소프트웨어와 하드웨어의 상호 동작과 알고리즘의 흐름에 대해 이해할 수 있어야 합니다. 또한 미리 디지털 신호의 개념과 각종 센서에 대한 이해가 필요합니다.

■ 실수를 줄이는 문제 분석 요령

요령	내용
step1.	정답이 될 문항 요소에 네모를 한다.
step2.	정답 문항 네모의 힌트들을 연결한다.
step3.	힌트의 내용들을 밑줄을 긋는다.
step4.	힌트의 핵심부분에는 동그라미를 한다.
step5.	정답을 기록한다.

[예제]

Q. 스크래치 프로그래밍을 통해 앞으로 20만큼씩 움직이다가 장애물을 발견하면 정지하는 자동차를 구현하였다. 〈보기〉를 참고하여 〈문제〉의 빈 칸을 완성하시오.

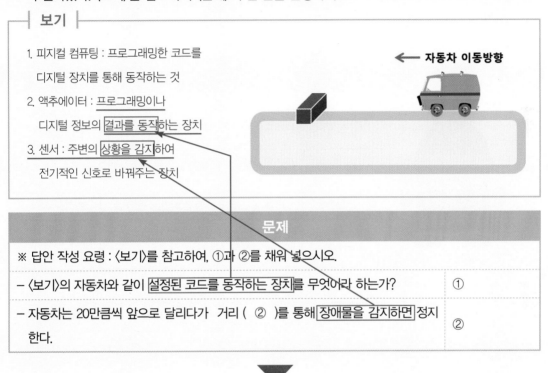

문제

※ 답안 작성 요령 : 〈보기〉를 참고하여, ①과 ②를 채워 넣으시오.

– 〈보기〉의 자동차와 같이 설정된 코드를 동작하는 장치를 무엇이라 하는가?	①
– 자동차는 20만큼씩 앞으로 달리다가 거리 (②)를 통해 장애물을 감지하면 정지한다.	②

문제 풀이 방법			
문제에서 찾아야할 정답	정답을 뒷받침 해줄 자세한 내용	보기에서 요소 찾기	정답
설정된 코드를 동작하는 장치	스크래치로 코딩된 코드를 동작함	〈피지컬 컴퓨팅의 이해〉에서 액추에이터 및 센서의 개념 확인	① 액추에이터
장애물을 감지하는 거리00	장애물, 즉 주변 상황을 감지함		② 센서

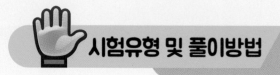

[문제]

Q. 문영이는 센서를 이용하여 다양한 환경에 반응하는 로봇을 만들었다. 〈보기〉를 참고하여 〈문제〉의 빈 칸을 완성하시오.

┤ 보기 ├

〈로봇 동작 구성〉

기능	설명	센서종류
장애물 인지	장애물 발견 시 주황색 LED램프가 켜짐	거리센서 LED센서
온도 감지	주변의 온도를 감지하여 현재의 온도를 표시	온도센서
댄스	소리를 듣고 음악의 종류에 맞는 춤을 춤	소리센서
밝기에 따른 이동제어	어두운 곳에서는 어두움의 정도에 따라 속도를 줄이거나 멈춤	거리센서 속도센서

문제
※ 답안 작성 요령 : 〈보기〉를 참고하여, ①과 ②를 채워 넣으시오.

– 〈로봇 동작 구성〉 중 틀린 센서는?	①
– 로봇이 제대로 동작하기 위해서 ①의 센서가 아닌 어떤 센서를 사용해야 하는가?	②

문제에서 찾아야할 정답	정답을 뒷받침 해줄 자세한 내용	보기에서 요소 찾기	정답
			①
			②

Part 5

실전 모의고사

SW코딩자격(2급) – 모의고사(1회)

SW코딩자격(2급) – 모의고사(2회)

SW코딩자격(2급) – 모의고사(3회)

SW코딩자격(2급) – 모의고사(4회)

SW코딩자격(2급) – 모의고사(5회)

SW코딩자격(2급) – 모의고사(6회)

SW코딩자격(2급) – 모의고사(7회)

SW코딩자격(2급)–모의고사(1회)

Software Coding and Computing Test

SW	시험시간	급수	응시일	수험번호	성명
Entry 1,3,5	45분	2	년 월 일		

수험자 유의사항

- 수험자는 감독관의 안내에 따라 문제지와 시험용 SW 등의 이상 여부를 확인해야 합니다.
- 시험지는 시험이 끝난 후 답안지와 함께 제출해야 하며, 미제출 시 실격 처리 됩니다.
- 제한된 시간 내에 시험을 완료하여야 합니다.
- 시험 시작 후에는 화장실 출입이 불가하며, 시험 시간 중에는 퇴실할 수 없습니다.
- 시험 시간 중 고사실 내에서 휴대 전화기, 디지털카메라, MP3 등 전자 기기를 소지한 경우, 해당 자의 시험을 무효로 처리하오니 절대 휴대하지 않도록 합니다.
- 부정 응시 및 문제 유출에 해당하는 행위 즉, 답안을 타인에게 전달 및 외부로 반출하는 경우, 자격기본법 제 32조에 의거 부정행위로 간주되어 해당자의 시험을 무효처리하며 민/형사상의 책임을 물을 수 있습니다.

답안 작성요령

- **답안 작성 절차**
  - 바탕화면(Desktop) / SW2-시험 / 수험번호-성명 / 파일에 답안을 작성 또는 작업 후 저장
- 시험을 완료한 수험자는 감독관의 안내에 따라 ①시험지를 제출하고 ②답안파일을 저장한 후 퇴실합니다.

The Insight KPC
kpc 한국생산성본부

1. 예은이의 노트북에는 비밀번호가 설정되어 있다. 〈보기〉를 참고하여 〈문제〉의 빈 칸을 완성하시오. (10점)

보기

〈디지털 핀 값〉

10진수	2진수	10진수	2진수
0	0000	5	0101
1	0001	6	0110
2	0010	7	0111
3	0011	8	1000
4	0100	9	1001

노트북 비밀번호는 총 16자리며,
힌트를 10진수화 하여 2진수로 변환한 코드이다.
비밀번호의 힌트는 다음과 같다.

〈노트북 비밀번호 힌트〉

가. 10진수는 4자리의 숫자
나. 1번째 자릿수 : 4번째 자리수보다 4작은 수
다. 2번째 자릿수 : 5
라. 3번째 자릿수 : 1번째 자리수의 3배수
마. 4번째 자릿수 : 2번째 자리수의 2큰 수

문제
※ 답안 작성 요령 : 〈보기〉를 참고하여, ①과 ②를 채워 넣으시오.

– 노트북 비밀번호의 힌트로 유추한 10진수 수는?	①
– 노트북의 비밀번호를 입력하시오.	②

2.

〈보기〉의 그림에는 공통적인 규칙이 숨어있다. 〈보기〉를 참고하여 〈문제〉의 빈 칸을 완성하시오. (10점)

보기

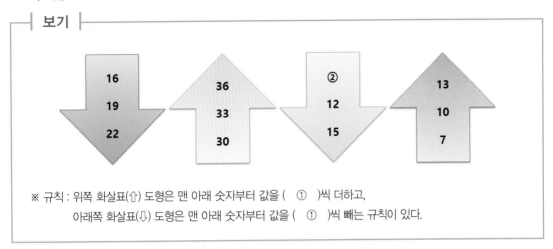

※ 규칙 : 위쪽 화살표(⇧) 도형은 맨 아래 숫자부터 값을 (①)씩 더하고,
아래쪽 화살표(⇩) 도형은 맨 아래 숫자부터 값을 (①)씩 빼는 규칙이 있다.

문제
※ 답안 작성 요령 : 〈보기〉를 참고하여, ①과 ②를 채워 넣으시오.

– 〈보기〉의 '규칙'에 있는 빈칸 ①에 들어갈 값은?	①
– 〈보기〉의 3번째 아래쪽 화살표 도형에 있는 ②에 들어갈 값은?	②

3. 태일이는 헬스장에 가면 상체 및 하체 근력운동을 각각 3세트 씩 한다.(상체-)하체) 그리고 상체
   운동과 하체운동 사이에는 런닝머신을 10분 달린다. 태일이는 자신이 헬스장에서 운동하는 방법을
   순서도로 정리해보기로 했다. 〈보기〉를 참고하여 〈문제〉의 빈 칸을 완성하시오. (10점)

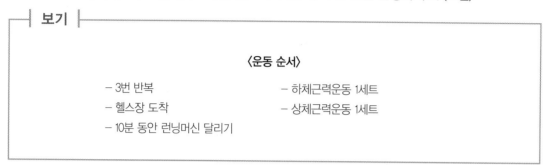

| 보기 |

〈운동 순서〉

- 3번 반복
- 헬스장 도착
- 10분 동안 런닝머신 달리기
- 하체근력운동 1세트
- 상체근력운동 1세트

문제

※ 답안 작성 요령 : 〈보기〉를 참고하여 작성하되, 〈운동순서〉에서 적절한 내용을 골라 빈 칸 ①~⑤를 채
워 넣으시오.

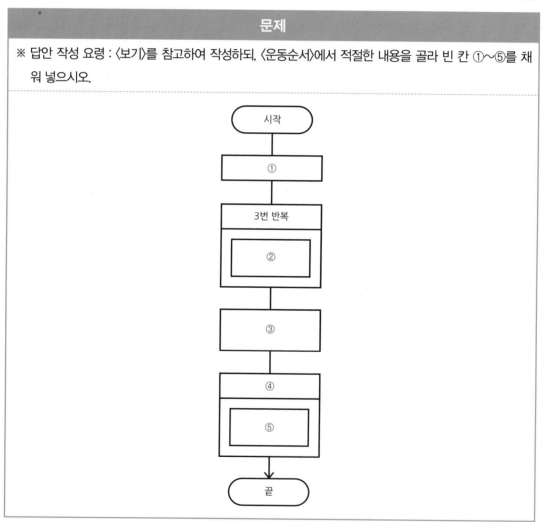

프로그래밍 작업 가이드

- 바탕화면(Desktop) / SW2-시험
- 수험번호-성명 폴더를 마우스 오른쪽 버튼으로 클릭한 후, [이름 바꾸기]를 클릭 → 본인의 수험번호-성명으로 수정하시오.
- 본인의 수험번호-성명으로 수정된 폴더 안의 파일을 문항 별로 더블클릭하여 프로그램을 실행합니다.
- 문항 별 조건에 따라 작업을 완료하였으면, 파일〉저장하기 버튼을 클릭하여 저장합니다.

4. 새가 날다가 나무에 앉으면 사과가 떨어지도록, 아래 〈조건〉에 맞게 코딩하시오. (10점)

〈조건〉

- 엔트리 프로그램 화면 [블록 꾸러미]에서 필요한 블록을 가져다 사용한다.
- ▶ 시작하기 버튼을 클릭하면 사과는 모양을 숨긴다.
- 새는 0.1초 마다 이동방향으로 15만큼 20번 반복하여 이동한 후, 1초 동안 x좌표 155, y좌표 32 위치로 이동한다.
- 새가 나무 위에 앉으면 '도착' 신호를 보낸다.
- 사과는 '도착' 신호를 받으면 모양이 보이고, 0.5초 동안 x좌표 50, y좌표 -105 위치로 이동한다.

5. 기린과 노란새가 대화를 하며 지나가도록, 아래 〈조건〉에 맞게 코딩하시오. (10점)

〈조건〉

- 엔트리 프로그램 화면 [블록 꾸러미]에서 필요한 블록을 가져다 사용한다.
- ▶ 시작하기 버튼을 클릭하면 노란새가 "기린아 안녕!" 이라고 1초 동안 말하고, 1초 기다린다.
- 기린이 1초 기다린 후 "노란새야 안녕!" 이라고 1초 동안 말하고, 화면 끝에 닿을 때까지 이동방향으로 2만큼 계속 반복하여 이동한다.
- 노란새는 0.1초 마다 모양을 바꾸며 x좌표를 -30만큼 6번 반복하여 이동한 후, 모양을 숨긴다.

6. 곰이 돌아다니면서 사과랑 바나나를 먹도록, 아래 〈조건〉에 맞게 코딩하시오. (10점)

〈조건〉

- 엔트리 프로그램 화면 [블록 꾸러미]에서 필요한 블록을 가져다 사용한다.
- ▶ 시작하기 버튼을 클릭하면 곰은 x좌표 −150, y좌표 65에 위치하고, 사과와 바나나가 무대에 나타난다.
- 곰이 키보드의 방향키 입력에 따라 무대를 돌아다닌다.
  - (1) 키보드의 왼쪽 화살표 키를 입력하면 왼쪽을 보며 이동방향으로 5만큼씩 이동한다.
  - (2) 키보드의 오른쪽 화살표 키를 입력하면 오른쪽을 보며 이동방향으로 5만큼씩 이동한다.
  - (3) 키보드의 아래쪽 화살표 키를 입력하면 아래쪽 이동방향으로 5만큼씩 이동한다.
  - (4) 키보드의 위쪽 화살표 키를 입력하면 위쪽 이동방향으로 5만큼씩 이동한다.
- 사과와 바나나는 곰에 닿으면 모양을 숨긴다.

7. 펜 색깔을 바꿔가며 그림을 그리도록, 아래 〈조건〉에 맞게 코딩하시오. (10점)

〈조건〉

- 엔트리 프로그램 화면 [블록 꾸러미]에서 필요한 블록을 가져다 사용한다.
- ▶ 시작하기 버튼을 클릭하면 펜은 선 굵기를 8로 지정하고, 마우스 포인터를 움직여서 펜으로 그림을 그린다.
  - (1) 마우스 포인터 위치로 계속 반복하여 이동한다.
  - (2) 마우스를 클릭하면 펜을 그리기를 시작하고, 그렇지 않으면 그리기를 멈춘다.
- 초록을 클릭하면 '초록색펜' 방송을 한다.
- 파랑을 클릭하면 '파란색펜' 방송을 한다.
- 빨강을 클릭하면 '빨간색펜' 방송을 한다.
- 펜은 '초록색펜' 방송을 받으면 초록색으로, '파란색펜' 방송을 받으면 파란색으로, '빨간색펜' 방송을 받으면 빨간 색으로 펜 색깔을 바꾼다.
- 키보드의 스페이스 키를 입력하면 모두 지운다.

8. 밤하늘에 별이 가득 반짝이도록, 아래 〈조건〉에 맞게 코딩하시오. (10점)

〈조건〉

- 엔트리 프로그램 화면 [블록 꾸러미]에서 필요한 블록을 가져다 사용한다.
- ▶ 시작하기 버튼을 클릭하면 별은 좌표 −210, y좌표 105에 위치한다.
- 별을 클릭하면 별이 복제되어 마우스 포인터 위치로 계속 반복하여 이동한다.
- 마우스를 클릭하면 도장을 찍는다.
- 키보드의 스페이스 키를 입력하면 별이 모두 사라진다.

9. 우리 주변에는 다양한 센서들을 이용한 장치들이 있다. 〈보기〉를 참고하여 〈문제〉의 빈 칸을 완성하시오. (10점)

보기

〈센서란 무엇인가?〉

센서(sensor)는 온도나 속도, 소리 등과 같은 물리적인 변화들을 전기적인 신호로 바꿔주는 하드웨어 장치를 말한다. 사람이 주변의 다양한 환경들을 눈, 코, 입, 손으로 느끼듯이, 로봇은 다양한 센서들을 통해서 주변 환경을 인지한다. 즉, 센서는 로봇의 감각기관이라고 할 수 있다.

〈센서의 예〉

온도센서, 소리센서, 거리센서, 빛센서, 열센서, 슬라이더센서 등

문제
※ 답안 작성 요령 : 〈보기〉를 참고하여, ①과 ②를 채워 넣으시오.

– 화재 감지기는 (①) 센서를 사용하여 뜨거운 불을 감지해 경보기를 울린다.	①
– 보일러에는 (②) 센서가 있어서, 실내 온도와 설정한 온도에 따라서 보일러를 켜거나 끈다.	②

10. 피지컬 컴퓨팅을 사용하여 드론 날리기를 구현하고자 한다. 〈보기〉를 참고하여 〈문제〉의 빈 칸을 완성하시오. (10점)

┤ **보기** ├

〈드론 날리기 알고리즘〉

가. 버튼을 입력하면 드론이 이륙한다.

나. 이동방향으로 20만큼씩 이동한다.

다. 드론의 방향은 조종기에 있는 좌/우/위/아래 방향 버튼으로 제어한다.

다. 드론이 장애물에 닿으면 방향을 반대 방향으로 이동한다.

라. 비행 후 3분이 지나면 착륙을 하고, 프로그램을 멈춘다.

문제
※ 답안 작성 요령 : 〈보기〉를 참고하여, ①과 ②를 채워 넣으시오.

드론 날리기를 피지컬을 사용하여 구현할 때 필요한 센서를 두 가지를 아래에서 고르시오.	①
예) 빛센서, 장애물센서, 조도센서, 슬라이드센서, 열센서, 버튼센서	②

시험 종료 전,

- 본인의 수험번호–성명 폴더 내에 작업한 답안 파일이 정상적으로 저장되었는지 확인합니다. → 시험 종료 후, 감독관이 답안파일을 수거합니다.
- 수험번호, 성명을 잘못 기재하였거나, 답안 파일을 잘못 저장하여 발생한 문제나 불이익에 대한 일체의 책임은 수험자에게 있습니다.
- 감독관의 안내에 따라 시험지를 제출하고 퇴실합니다.

SW코딩자격(2급)-모의고사(2회)
Software Coding and Computing Test

SW	시험시간	급수	응시일	수험번호	성명
Entry 1.3.5	45분	2	년 월 일		

수험자 유의사항

- 수험자는 감독관의 안내에 따라 문제지와 시험용 SW 등의 이상 여부를 확인해야 합니다.
- 시험지는 시험이 끝난 후 답안지와 함께 제출해야 하며, 미제출 시 실격 처리 됩니다.
- 제한된 시간 내에 시험을 완료하여야 합니다.
- 시험 시작 후에는 화장실 출입이 불가하며, 시험 시간 중에는 퇴실할 수 없습니다.
- 시험 시간 중 고사실 내에서 휴대 전화기, 디지털카메라, MP3 등 전자 기기를 소지한 경우, 해당 자의 시험을 무효로 처리하오니 절대 휴대하지 않도록 합니다.
- 부정 응시 및 문제 유출에 해당하는 행위 즉, 답안을 타인에게 전달 및 외부로 반출하는 경우, 자격기본법 제 32조에 의거 부정행위로 간주되어 해당자의 시험을 무효처리하며 민/형사상의 책임을 물을 수 있습니다.

답안 작성요령

- 답안 작성 절차
  - 바탕화면(Desktop) / SW2-시험 / 수험번호-성명 / 파일에 답안을 작성 또는 작업 후 저장
- 시험을 완료한 수험자는 감독관의 안내에 따라 ①시험지를 제출하고 ②답안파일을 저장한 후 퇴실합니다.

kpc The Insight KPC 한국생산성본부

1. 서울에 사는 은진이는 친구들과 함께 부산으로 여행을 가기 위해, 다음과 같이 여행 계획을 세우고 있다. 〈보기〉를 참고하여 〈문제〉의 빈 칸을 완성하시오. (10점)

┤ 보기 ├

우리가 문제를 효율적으로 해결하기 위해서는 '컴퓨팅 사고력'을 이용해야 한다.

컴퓨팅 사고력을 위해서는 자료수집, 자료분석, 자료표현, 문제분해, 추상화, 알고리즘, 자동화, 시뮬레이션, 병렬화의 단계를 거치게 된다.

이 중, 해결할 문제의 자료를 모으는 단계를 자료수집, 수집한 자료를 분류하여 다양성을 알아보는 단계를 자료분석, 그리고 문제의 내용을 차트나 표 등으로 도식화 하는 단계를 자료표현이라고 한다.

〈부산 여행 계획하기〉

Q1. 함께 여행 갈 친구들은 누구누구 인가?

Q2. 부산까지 갈 수 있는 방법은 무엇이 있을까?

Q3. KTX와 비행기를 이용했을 때, 도착하는 시간이 얼마나 차이가 있을까?

Q4. 가는 방법에 대해서 지도에 표시를 해보자.

문제
※ 답안 작성 요령 : 〈보기〉를 참고하여, ①과 ②를 채워 넣으시오.

– Q1.과 Q2.는 컴퓨팅 사고력 구성요소 중 어떤 단계에 해당 하는가?	①
– 계획한 내용 중 '자료표현'에 해당되는 항목은 무엇인가?	②

2. 재은이는 2018년에 이한대학교에 입학을 하여 학생증을 발급받았다. 그런데 발급된 학생증에는 학번이 누락되어 있다. 〈보기〉를 참고하여 〈문제〉의 빈 칸을 완성하시오. (10점)

| 보기 |

가. 학번은 8개의 숫자로, 입학코드–학부코드–등록순 순으로 구성된다.

나. 입학코드는 3자리로, 학교 설립연도인 1985년을 '001'로 하여 매년 1씩 값이 증가한다.

다. 학부코드는 2자리로, 각 학부별로 미리 코드가 부여된다. 학부코드는 아래와 같다.

인문학부	공학학부	법학부	컴퓨터공학부	…
24	05	13	08	…

라. 등록순은 3자리로, 매해 학부에서 입학 등록을 마친 순서대로 값이 부여된다.

마. 재은이는 입학할 때 해당학부에 132번째로 등록을 했다.

문제

※ 답안 작성 요령 : 〈보기〉를 참고하여, ①과 ②를 채워 넣으시오.

– 〈보기〉의 조건을 통해 찾아낸 재은이의 학번이다. ①에 들어갈 숫자를 순서대로 나열하시오. ┌─┐┌─┐┌─┐┌─┐┌─┐┌─┐┌─┐┌─┐ │0│①│4│0│①│1│3│2│ └─┘└─┘└─┘└─┘└─┘└─┘└─┘└─┘	①
– 2004년에 입학한 학생의 입학코드는?	②

3. 우영이와 윤성이는 각각 주사위를 던져서 더 큰 숫자가 나오는 사람이 이기는 게임을 했다. 우영이는 주사위A, 윤성이는 주사위B를 가지고 있다. 〈보기〉를 참고하여 〈문제〉의 빈 칸을 완성하시오. (10점)

┤ 보기 ├

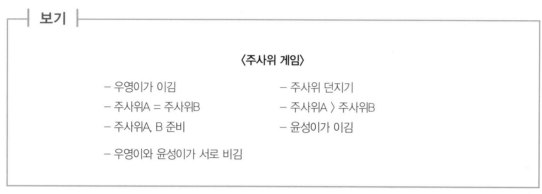

〈주사위 게임〉

　　－ 우영이가 이김　　　　　　　－ 주사위 던지기
　　－ 주사위A = 주사위B　　　　　－ 주사위A 〉 주사위B
　　－ 주사위A, B 준비　　　　　　－ 윤성이가 이김

　　－ 우영이와 윤성이가 서로 비김

문제

※ 답안 작성 요령 : 〈보기〉를 참고하여 작성하되, 〈주사위 게임〉에서 적절한 내용을 골라 빈 칸 ①~⑤를 채워 넣으시오.

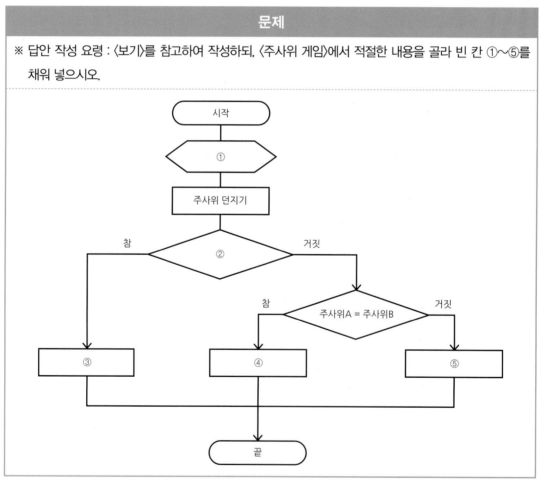

프로그래밍 작업 가이드

- 바탕화면(Desktop) / SW2–시험
- 수험번호–성명 폴더를 마우스 오른쪽 버튼으로 클릭한 후, [이름 바꾸기]를 클릭 → 본인의 수험번호–성명으로 수정하시오.
- 본인의 수험번호–성명으로 수정된 폴더 안의 파일을 문항 별로 더블클릭하여 프로그램을 실행합니다.
- 문항 별 조건에 따라 작업을 완료하였으면, 파일)저장하기 버튼을 클릭하여 저장합니다.

4. 박쥐가 하늘을 날아다니도록, 아래 〈조건〉에 맞게 코딩하시오.(10점)

〈조건〉
• 엔트리 프로그램 화면 [블록 꾸러미]에서 필요한 블록을 가져다 사용한다.
• ▶ 시작하기 버튼을 클릭하면 박쥐는 0.2초 마다 계속 모양을 바꾼다.
• 키보드의 왼쪽 화살표 키를 입력하면 박쥐의 x좌표를 −12만큼씩 이동한다.
• 키보드의 오른쪽 화살표 키를 입력하면 박쥐의 x좌표를 12만큼씩 이동한다.
• 키보드의 아래쪽 화살표 키를 입력하면 박쥐의 y좌표를 −12만큼씩 이동한다.
• 키보드의 위쪽 화살표 키를 입력하면 박쥐의 y좌표를 12만큼씩 이동한다.

5. 엔트리봇이 로켓을 타고 날아가도록, 아래 〈조건〉에 맞게 코딩하시오. (10점)

〈조건〉
• 엔트리 프로그램 화면 [블록 꾸러미]에서 필요한 블록을 가져다 사용한다.
• ▶ 시작하기 버튼을 클릭하면 로켓은 로켓_1로 모양을 바꾼다.
• 엔트리봇은 x좌표 −90, y좌표 −70 위치에 나타난다.
• 엔트리봇은 0.1초 마다 다음 모양으로 바꾸며 이동방향으로 10만큼 15번 반복하여 이동한다.
• 엔트리봇은 '발사' 신호를 보내고 모양을 숨긴다.
• 로켓이 '발사' 신호를 받으면 하늘위로 날아간다.
(1) 로켓_4 모양으로 바꾼 후, 0.1초마다 y좌표를 15만큼 반복하여 이동한다.
(2) 화면 끝에 닿으면 모든 코드를 멈춘다.

6. 초인종을 누르면 캥거루가 나와 인사를 하도록, 아래 〈조건〉에 맞게 코딩하시오. (10점)

〈조건〉
• 엔트리 프로그램 화면 [블록 꾸러미]에서 필요한 블록을 가져다 사용한다.
• ▶ 시작하기 버튼을 클릭하면 캥거루는 모양을 숨긴다.
• 초인종은 0~50 사이의 무작위 색깔로 문에 달려있다.
• 초인종을 클릭하면 "띵동~" 이라고 1초 동안 말한 후, 모양을 숨기고 '띵동' 신호를 보낸다.
• '띵동' 신호를 받으면 캥거루가 집에서 나와서 인사를 한다.
(1) 캥거루_3 모양으로 나타난다.
(2) 0.1초 마다 크기는 2만큼 8번 반복하여 바꾼다.
(3) 0.1초 마다 x좌표는 10만큼, y좌표는 −10만큼 8번 반복하여 바꾼다.
(4) 8번 반복 후에는 캥거루_1 모양으로 바꾸고, "안녕!" 이라고 1초 동안 말한다.

7. 1~9까지의 숫자 중에서 숫자를 뽑아 원숭이가 얘기하도록, 아래 〈조건〉에 맞게 코딩하시오. (10점)

〈조건〉
• 엔트리 프로그램 화면 [블록 꾸러미]에서 필요한 블록을 가져다 사용한다.
• ▶ 시작하기 버튼을 클릭하면 숫자는 모양을 숨긴다.
• 시작버튼을 클릭하면 멈춤버튼으로 바뀌고, 숫자가 돌아간다.
(1) 시작버튼은 '숫자돌리기' 신호를 보낸 후 모양을 숨긴다.
(3) 숫자는 '숫자돌리기' 신호를 받으면 모양이 보이고, 다음 모양으로 계속 반복하여 바꾼다.
• 멈춤버튼을 클릭하면 숫자가 정지하고, 그 결과를 원숭이가 말해준다.
(1) 멈춤버튼을 클릭하면 '멈추기' 신호를 보낸다.
(2) 숫자는 '멈추기' 신호를 받으면 동작을 멈춘다.
(3) 원숭이는 원숭이_2로 모양을 바꾸고, "뽑은 숫자는 [숫자의 모양이름]" 이라고 3초 동안 말한다.
(예) 뽑은 숫자는 2

8. 사이트에 패스워드를 입력하여 접속하도록, 아래 〈조건〉에 맞게 코딩하시오. (10점)

〈조건〉
• 엔트리 프로그램 화면 [블록 꾸러미]에서 필요한 블록을 가져다 사용한다.
• ▶ 시작하기 버튼을 클릭하면 "비밀번호를 입력하세요. (힌트: 16+32*85)" 라고 묻고 대답을 기다린다.
• 비밀번호를 입력하면 비밀번호는 비밀번호_2 모양으로 바꾼다.
• 입력한 비밀번호가 27360이 맞으면 '일치' 신호를 보내 접속가능 모양이 보이도록 하고, 틀리면 '불일치' 신호를 보내 접속불가 모양이 보이도록 한다.

9. 실생활에서 사용하는 장치와 함께 사용하는 센서들을 서로 연결하였다. 〈보기〉를 참고하여 〈문제〉의 빈 칸을 완성하시오. (10점)

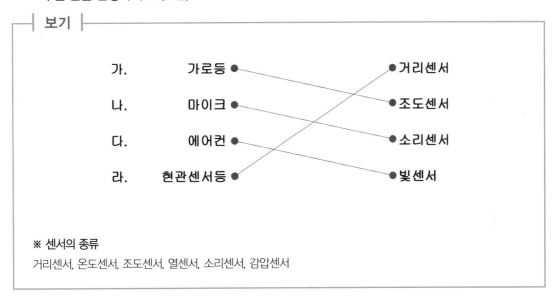

| 보기 |

가.　가로등 ●━━━━━━━━━ ● 거리센서

나.　마이크 ●━━━━━━━━━ ● 조도센서

다.　에어컨 ●━━━━━━━━━ ● 소리센서

라.　현관센서등 ●━━━━━━━ ● 빛센서

※ 센서의 종류

거리센서, 온도센서, 조도센서, 열센서, 소리센서, 감압센서

문제	
※ 답안 작성 요령 : 〈보기〉를 참고하여, ①과 ②를 채워 넣으시오.	
– 〈보기〉에서 연결이 잘못된 것은 몇 번인가?	①
– 연결이 잘못된 센서를 '센서의 종류'에서 올바른 센서를 찾아 적으시오.	②

10. 실내 난방기를 관찰하면서 센서에 대해 알아보자. 〈보기〉를 참고하여 〈문제〉의 빈 칸을 완성하시오. (10점)

| 보기 |

〈난방기의 원리〉

우리는 난방기와 떨어진 공간에서 난방 온도 조절기를 통해 난방기의 온도를 설정할 수 있고, 난방기에 부착된 (　①　) 센서를 통해서 자동으로 난방기를 켜거나 끌 수 있다.
예를 들어, 설정한 온도보다 실내 온도가 낮다면 난방기가 가동되고, 설정한 온도보다 실내 온도가 높아지면 난방기의 작동이 멈춘다.

문제
※ 답안 작성 요령 : 〈보기〉를 참고하여, ①과 ②를 채워 넣으시오.

– ① 에 들어간 센서는?	①
– 현재 난방기의 실내온도와 설정온도가 그림과 같이 설정되어 있다. 현재 난방기의 상태는? 가. 난방기가 켜져있다. 나. 난방기가 꺼져있다. 	②

이안난방기
27 25
실내온도　설정온도

시험 종료 전,

- 본인의 수험번호–성명 폴더 내에 작업한 답안 파일이 정상적으로 저장되었는지 확인합니다. → 시험 종료 후, 감독관이 답안파일을 수거합니다.
- 수험번호, 성명을 잘못 기재하였거나, 답안 파일을 잘못 저장하여 발생한 문제나 불이익에 대한 일체의 책임은 수험자에게 있습니다.
- 감독관의 안내에 따라 시험지를 제출하고 퇴실합니다.

SW코딩자격(2급)–모의고사(3회)
Software Coding and Computing Test

SW	시험시간	급수	응시일	수험번호	성명
Entry 1,3,5	45분	2	년 월 일		

수험자 유의사항

- 수험자는 감독관의 안내에 따라 문제지와 시험용 SW 등의 이상 여부를 확인해야 합니다.
- 시험지는 시험이 끝난 후 답안지와 함께 제출해야 하며, 미제출 시 실격 처리 됩니다.
- 제한된 시간 내에 시험을 완료하여야 합니다.
- 시험 시작 후에는 화장실 출입이 불가하며, 시험 시간 중에는 퇴실할 수 없습니다.
- 시험 시간 중 고사실 내에서 휴대 전화기, 디지털카메라, MP3 등 전자 기기를 소지한 경우, 해당자의 시험을 무효로 처리하오니 절대 휴대하지 않도록 합니다.
- 부정 응시 및 문제 유출에 해당하는 행위 즉, 답안을 타인에게 전달 및 외부로 반출하는 경우, 자격기본법 제 32조에 의거 부정행위로 간주되어 해당자의 시험을 무효처리하며 민/형사상의 책임을 물을 수 있습니다.

답안 작성요령

- **답안 작성 절차**
  - 바탕화면(Desktop) / SW2–시험 / 수험번호–성명 / 파일에 답안을 작성 또는 작업 후 저장
- 시험을 완료한 수험자는 감독관의 안내에 따라 ①시험지를 제출하고 ②답안파일을 저장한 후 퇴실합니다.

The Insight KPC
kpc 한국생산성본부

1. 평소 민혁이와 진수는 단어를 암호화해서 말하는 것을 좋아한다. 어느 날, 민혁이는 진수에게 메신저로 받고 싶은 생일 선물을 말했다. 〈보기〉를 참고하여 〈문제〉의 빈 칸을 완성하시오. (10점))

보기

〈비밀코드 표〉

A	B	C	D	E
65	66	67	68	69
F	G	H	I	J
70	71	72	73	74
K	L	M	N	O
75	76	77	78	79

암호화를 하는 경우 : (조건 값) + 2
복호화를 하는 경우 : (조건 값) 2

〈SNS 대화〉

[진수]:
민혁아! 생일 축하해!

[민혁]:
고마워, 진수야!

[진수]:
받고 싶은 선물 있어?

[민혁]:
696777771이 갖고 싶어.

[진수]:
OK ^^

문제
※ 답안 작성 요령 : 〈보기〉를 참고하여, ①과 ②를 채워 넣으시오.

– 민혁이가 말한 '696777771'을 복호화 하여 민혁이가 받고 싶은 생일 선물이 무엇인지 적으시오.	①
– 비밀코드 표를 이용하여 진수가 남긴 "OK"를 암호화 하시오.	②

2. 교진이는 학교가 끝나고 민성이네 집에 문병을 가기로 했다. 교진이는 가는 길에 아픈 민성이 대신 민성이가 하지 못한 일들을 해주기로 하고 메시지를 전달받았다. 〈보기〉를 참고하여 〈문제〉의 빈 칸을 완성하시오. (10점)

┤ 보기 ├

〈민성이가 보낸 메시지〉

교진아, 정류장에서 내리면
큰 길 대각선 건너에 빵집이 있어.
거기서 식빵을 2개 사고, 이한역 방향으로 쭉 걸어
다가보면 역 옆에 서점이 있을 거야.
그 서점에서 문제집을 1권을 사다줘.
그리고 다시 이한역으로 가서 길을 건너면 이한초등
학교가 있어.
그 이한초등학교를 지나서 계속 같은 방향으로 쭉
내려가다 보면 횡단보도가 2번 나올 거야.
횡단보도를 2번 모두 건넌 후
왼쪽으로 직진하면 우리 집이 있어!
고마워 교진아!

〈메시지를 바탕으로 구성한 약도〉

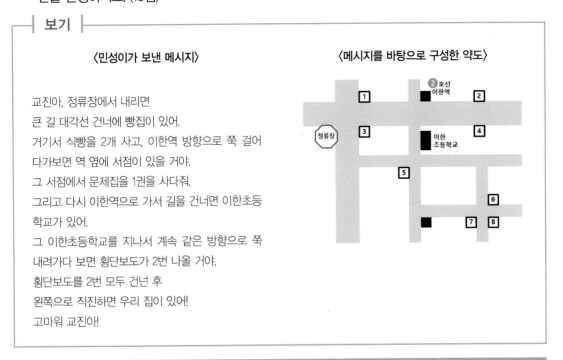

문제
※ 답안 작성 요령 : 〈보기〉를 참고하여, ①과 ②를 채워 넣으시오.

– 빵집의 위치는 몇 번 인가?	①
– 민성이네 집 위치는 몇 번인가?	②

3. 선아는 같은 날 생일인 은이와 숙이에게 줄 선물을 직접 포장하기로 했다. 〈보기〉를 참고하여 〈문제〉의 빈 칸을 완성하시오. (10점)

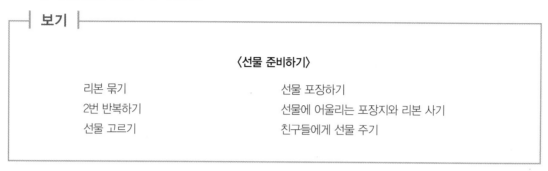

┤ 보기 ├

〈선물 준비하기〉

리본 묶기	선물 포장하기
2번 반복하기	선물에 어울리는 포장지와 리본 사기
선물 고르기	친구들에게 선물 주기

문제

※ 답안 작성 요령 : 〈보기〉를 참고하여 작성하되, 〈선물 준비하기〉에서 적절한 내용을 골라 빈 칸 ①~⑤를 채워 넣으시오.

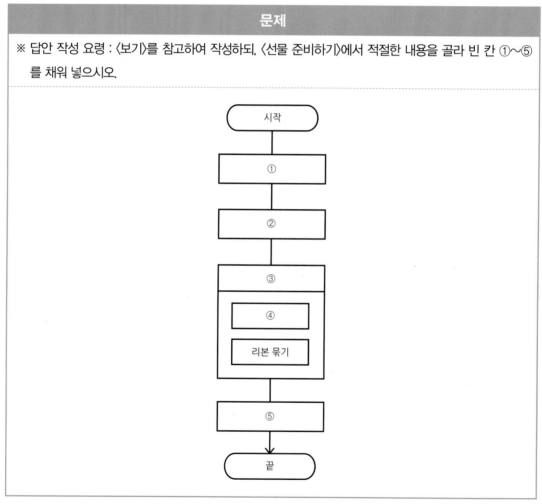

프로그래밍 작업 가이드

- 바탕화면(Desktop) / SW2−시험
- 수험번호−성명 폴더를 마우스 오른쪽 버튼으로 클릭한 후, [이름 바꾸기]를 클릭 → 본인의 수험번호−성명으로 수정하시오.
- 본인의 수험번호−성명으로 수정된 폴더 안의 파일을 문항 별로 더블클릭하여 프로그램을 실행합니다.
- 문항 별 조건에 따라 작업을 완료하였으면, 파일〉저장하기 버튼을 클릭하여 저장합니다.

4. 엔트리봇이 스케이트를 타면서 점프하도록, 아래 〈조건〉에 맞게 코딩하시오. (10점)

〈조건〉
• 엔트리 프로그램 화면 [블록 꾸러미]에서 필요한 블록을 가져다 사용한다.
• ▶ 시작하기 버튼을 클릭하면 엔트리봇이 x좌표 0, y좌표 −55에 위치한다.
• 키보드의 왼쪽 화살표 키를 입력하면 엔트리봇_1 모양으로 바꾸고, 엔트리봇의 x좌표를 −5만큼씩 이동한다.
• 키보드의 오른쪽 화살표 키를 입력하면 엔트리봇_2 모양으로 바꾸고, 펭귄의 x좌표를 5만큼씩 이동한다.
• 키보드의 스페이스 키를 입력하면 엔트리봇의 y좌표를 100만큼 이동했다가 0.2초 기다린 후, 다시 y좌표를 −100 만큼 이동한다.

5. 마법사의 마법으로 유령이 사라지도록, 아래 〈조건〉에 맞게 코딩하시오. (10점)

〈조건〉
• 엔트리 프로그램 화면 [블록 꾸러미]에서 필요한 블록을 가져다 사용한다.
• ▶ 시작하기 버튼을 클릭하면 유령은 별에 닿을 때까지 0.1초 마다 이동방향으로 −2만큼 반복하여 이동한다.
• 마법사는 "유령아 사라져라!" 라고 말한다.
• 별은 이동방향으로 5만큼 계속 반복하여 이동한다.
• 유령은 별에 맞으면 '별숨기기' 신호를 보내고, 반투명 효과를 50으로 정한다.
• 별은 '별숨기기' 신호를 받으면 모양을 숨긴다.

6. 물고기가 상어를 만나면 도망가도록, 아래 〈조건〉에 맞게 코딩하시오. (10점)

〈조건〉

- 엔트리 프로그램 화면 [블록 꾸러미]에서 필요한 블록을 가져다 사용한다.
- ▶ 시작하기 버튼을 클릭하면 물고기는 60 크기로 나타난다.
- 상어는 0.5초 마다 90도, 270도 방향으로 계속 번갈아 반복하여 바라본다.
- 물고기가 이동하다가 상어에 닿으면 도망간다.
  (1) 상어에 닿을 때까지 이동방향으로 3만큼 계속 반복하여 이동한다.
  (2) 상어에 닿으면 "앗 상어! 도망가자!" 라고 1초 동안 말한 후, '도망' 신호를 보낸다.
  (3) 이동방향을 270도로 보며 화면 끝에 닿을 때까지 이동방향으로 10만큼 계속 반복하여 이동한다.
- 상어가 도망치는 물고기를 쫓는다.
  (1) '도망' 신초를 받으면 다른 동작을 멈추고, 이동방향을 270도로 보며 "거기서라!" 라고 말한다.
  (2) 이동방향으로 5만큼 40번 반복하여 이동한다.

7. 대답한 숫자만큼 시안이가 공을 팅기도록, 아래 〈조건〉에 맞게 코딩하시오. (10점)

〈조건〉

- 엔트리 프로그램 화면 [블록 꾸러미]에서 필요한 블록을 가져다 사용한다.
- ▶ 시작하기 버튼을 클릭하면 공은 모양을 숨긴다.
- 시안이는 "공을 몇 번 팅길까요?" 라고 묻고 기다린다.
- 대답을 하면 '공놀이시작' 신호를 보내고 시안_2 모양으로 바꾼다.
- '공놀이시작' 방송을 받으면 공이 나타나 0.5초 마다 y좌표를 100만큼 올라갔다가 내려오기를 대답만큼 반복하여 이동한다.

8. 마우스 포인터의 x좌표 값에 따라 거북이가 움직이도록, 아래 〈조건〉에 맞게 코딩하시오. (10점)

〈조건〉

- 엔트리 프로그램 화면 [블록 꾸러미]에서 필요한 블록을 가져다 사용한다.
- ▶ 시작하기 버튼을 클릭하면 거북이는 마우스의 x좌표가 0보다 작으면 왼쪽으로, 그렇지 않으면 오른쪽으로 해당 방향을 바라보며 2만큼 계속 반복하여 이동한다.
- 키보드의 스페이스 키를 입력하면 거북이의 색깔을 20만큼 20번 반복하여 바꾼다.

9. 유선이는 인터넷에서 '스마트 화분'과 관련한 기사를 보았다. 〈보기〉를 참고하여 〈문제〉의 빈 칸을 완성하시오. (10점)

┤ 보기 ├

〈똑똑한 화분? 스마트 화분!〉

'사람이 관리하지 않아도 저절로 식물을 키우는 화분이 있다면?'

최근 스스로 식물이 자라는 '스마트 화분'이 각광 받고 있다.

'스마트 화분'은 사람이 직접 물을 주지 않아도 스스로 환경에 맞춰 식물을 키우는 IOT 화분을 말한다. 이것은 '스마트 화분'에 있는 빛, 날씨, 온도, 습도 센서 등과 같은 다양한 센서가 있기에 가능하다.

예를 들어, 화분에 있는 (①) 센서를 통해 토양에 수분이 있는 정도를 감지하여 식물에 물을 주어야 하는 때를 직접 판단해 물을 공급한다. 그리고 (②) 센서를 통해 적절한 조명을 쏴주어 식물이 효율적으로 광합성을 할 수 있게 해준다.

문제
※ 답안 작성 요령 : 〈보기〉를 참고하여, ①과 ②를 채워 넣으시오.

〈보기〉의 빈칸 ①과 ②에 들어갈 센서의 종류를 아래에서 고르시오.	①
(예) 습도센서, 거리센서, 빛센서, 소리센서, 적외선센서, 슬라이더센서	②

10. 우정이네 공장에서는 아동용 불빛신발을 제작한다. 〈보기〉를 참고하여 〈문제〉의 빈 칸을 완성하시오. (10점)

┤ 보기 ├

〈불빛 신발의 원리〉

가. 불빛신발은 사람이 걸을 때 신발이 바닥에 닿을 때마다 빛을 낸다.

나. 신발의 센서를 통해 바닥과 신발 사이의 거리를 감지하여 신발로 상황 정보를 보낸다.

다. 정보를 받은 신발은 신발 아래에 달린 액추에이터로 명령을 보내 불빛을 내도록 한다.

문제	
※ 답안 작성 요령 : 〈보기〉를 참고하여, ①과 ②를 채워 넣으시오.	
− 신발이 바닥을 감지할 수 있도록 할 때 필요한 센서는 무엇인지 고르시오. * 센서의 종류 : 거리센서, 온도센서, 조도센서, 열센서, 소리센서	①
− 불빛신발은 다음과 같이 구성되어 있다. 이 중 신발이 불빛을 내도록 하는 액추에이터는 무엇인가? 구성) 운동화, 신발끈, LED장치, on−off 버튼	②

시험 종료 전,

- 본인의 수험번호–성명 폴더 내에 작업한 답안 파일이 정상적으로 저장되었는지 확인합니다. → 시험 종료 후, 감독관이 답안파일을 수거합니다.
- 수험번호, 성명을 잘못 기재하였거나, 답안 파일을 잘못 저장하여 발생한 문제나 불이익에 대한 일체의 책임은 수험자에게 있습니다.
- 감독관의 안내에 따라 시험지를 제출하고 퇴실합니다.

SW코딩자격(2급)–모의고사(4회)

Software Coding and Computing Test

SW	시험시간	급수	응시일	수험번호	성명
Entry 1,3,5	45분	2	년 월 일		

수험자 유의사항

- 수험자는 감독관의 안내에 따라 문제지와 시험용 SW 등의 이상 여부를 확인해야 합니다.
- 시험지는 시험이 끝난 후 답안지와 함께 제출해야 하며, 미제출 시 실격 처리 됩니다.
- 제한된 시간 내에 시험을 완료하여야 합니다.
- 시험 시작 후에는 화장실 출입이 불가하며, 시험 시간 중에는 퇴실할 수 없습니다.
- 시험 시간 중 고사실 내에서 휴대 전화기, 디지털카메라, MP3 등 전자 기기를 소지한 경우, 해당자의 시험을 무효로 처리하오니 절대 휴대하지 않도록 합니다.
- 부정 응시 및 문제 유출에 해당하는 행위 즉, 답안을 타인에게 전달 및 외부로 반출하는 경우, 자격기본법 제 32조에 의거 부정행위로 간주되어 해당자의 시험을 무효처리하며 민/형사상의 책임을 물을 수 있습니다.

답안 작성요령

- **답안 작성 절차**
  – 바탕화면(Desktop) / SW2–시험 / 수험번호–성명 / 파일에 답안을 작성 또는 작업 후 저장
- 시험을 완료한 수험자는 감독관의 안내에 따라 ①시험지를 제출하고 ②답안파일을 저장한 후 퇴실합니다.

The Insight KPC
kpc 한국생산성본부

1. 태성이는 동화책을 읽고 줄거리를 요약해보기로 했다. 〈보기〉를 참고하여 〈문제〉의 빈 칸을 완성하시오. 〈보기〉를 참고하여 〈문제〉의 빈 칸을 완성하시오. (10점)

┤ 보기 ├

〈나무꾼과 도끼〉

어느 무더운 여름 날, 숲에서 나무를 베던 나무꾼은 자신의 도끼를 그만 호수에 빠뜨리고 말았습니다. 나무꾼은 호숫가에서 망연자실하게 앉아 울고 있었습니다. 그 순간, 저 멀리 호수 가운데에서 뭉실뭉실 안개가 피어오르더니 펑 하고 산신령이 나타났습니다. 산신령은 울고 있던 나무꾼에게로 다가가 나무꾼에게 물었습니다.

"이 금도끼가 네 도끼더냐?"

나무꾼이 대답했습니다.

"아니요, 그 금도끼는 제 도끼가 아닙니다."

다시 한 번 산신령은 나무꾼에게 물었습니다.

"그럼 이 은도끼가 네 도끼더냐?"

나무꾼이 또 대답했습니다.

"아니요, 그 은도끼도 제 도끼가 아닙니다. 제 도끼는 쇠로 만들어진 낡은 도끼입니다."

산신령은 착하고 정직한 나무꾼의 마음씨에 감동하였고, 나무꾼의 쇠도끼와 함께 금도끼와 은도끼까지 모두 나무꾼에게 선물로 주었습니다.

〈줄거리 요약〉

배경 (계절, 장소)	등장인물	나무꾼이 운 이유	산신령이 나무꾼에게 준 물건	산신령이 나무꾼에서 ②를 준 이유
①, 호수가 있는 숲	나무꾼, 산신령	도끼를 빠뜨림	②	정직하고 착한 마음씨에 감동받음

문제
※ 답안 작성 요령 : 〈보기〉를 참고하여, ①과 ②를 채워 넣으시오.

– ① 에 들어갈 답은?	①
– ② 에 들어갈 답은?	②

2. 한결이는 버스터미널에서 집으로 가기 위해 버스를 기다리고 있다. 〈보기〉를 참고하여 〈문제〉의 빈
   칸을 완성하시오. (10점)

---| 보기 |---

〈이동 및 방향 기호〉

명령	기호
앞으로 이동하기	↑
왼쪽으로 돌기	↰
오른쪽으로 돌기	↱

가. 한결이네 집 앞에는 '우리동네 정류장'이 있다.
나. '버스터미널'에서 '우리동네 정류장'까지 가는 버스는 초록버스, 파랑버스, 빨강버스 이다.
다. 초록버스는 정류장마다 5분 씩 소요된다.
라. 파랑버스는 정류장마다 8분 씩 소요된다.
마. 빨강버스는 정류장마다 14분 씩 소요된다.

문제

※ 답안 작성 요령 : 〈보기〉를 참고하여, ①과 ②를 채워 넣으시오.

– 세 버스가 같은 시각에 '버스터미널'에서 출발하는 경우, 한결이가 가장 빨리 집으로 가려면 어떤 버스를 타야 하는가?	①
– 한결이는 초록버스를 타고 '버스터미널'에서 '우리동네 정류장'까지 가는 방법을 아래와 같이 정리해보았다. ②에 들어갈 기호는 무엇인가?	②

출발	↑	↱	↑	↰	↑	②	↑	↰	↑	도착

3. 서언이네 집에서 학교까지는 도보로 20분 정도 걸리기 때문에 늘 걸어서 등교를 한다. 하지만 비가 오는 날에는 버스를 타고 등교를 한다. 〈보기〉를 참고하여 〈문제〉의 빈 칸을 완성하시오. (10점)

┤ 보기 ├

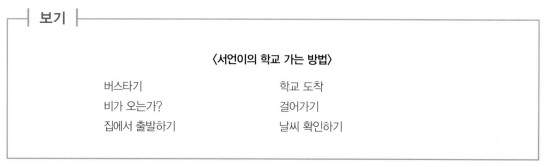

〈서언이의 학교 가는 방법〉

버스타기   학교 도착
비가 오는가?   걸어가기
집에서 출발하기   날씨 확인하기

문제

※ 답안 작성 요령 : 〈보기〉를 참고하여 작성하되, 〈서언이의 학교 가는 방법〉에서 적절한 내용을 골라 빈 칸 ①~⑤를 채워 넣으시오.

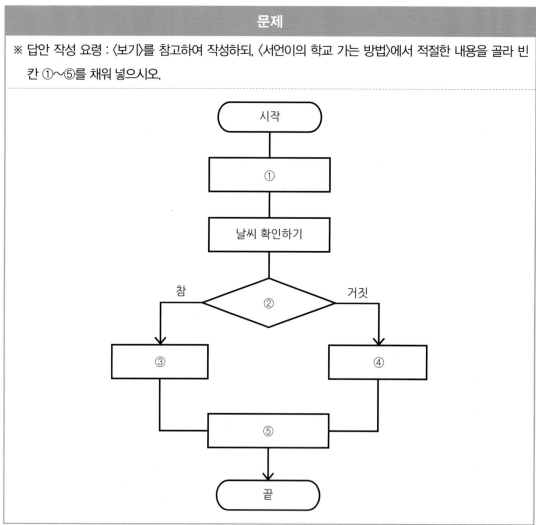

프로그래밍 작업 가이드

- 바탕화면(Desktop) / SW2–시험
- 수험번호–성명 폴더를 마우스 오른쪽 버튼으로 클릭한 후, [이름 바꾸기]를 클릭 → 본인의 수험번호–성명으로 수정하시오.
- 본인의 수험번호–성명으로 수정된 폴더 안의 파일을 문항 별로 더블클릭하여 프로그램을 실행합니다.
- 문항 별 조건에 따라 작업을 완료하였으면, 파일〉저장하기 버튼을 클릭하여 저장합니다.

4. 피아노 연주에 맞춰 피겨선수가 춤을 추도록, 아래 〈조건〉에 맞게 코딩하시오. (10점)

〈조건〉
• 엔트리 프로그램 화면 [블록 꾸러미]에서 필요한 블록을 가져다 사용한다.
• ▶ 시작하기 버튼을 클릭하면 피아노는 x좌표 160, y좌표 −90에 위치한다.
• 피아노를 클릭하면 다음 모양으로 바꾸고, '춤추기' 신호를 보낸다.
• 피겨선수는 '춤추기' 방송을 받으면 다음 모양으로 바꾼다.
• 피겨선수는 y좌표를 50만큼 이동했다가 0.1초 기다린 후, 다시 y좌표를 −50만큼 이동하고 0.1초 기다린다.

5. 마법사의 마법으로 나무가 변신하도록, 아래 〈조건〉에 맞게 코딩하시오.(10점)

〈조건〉
• 엔트리 프로그램 화면 [블록 꾸러미]에서 필요한 블록을 가져다 사용한다.
• ▶ 시작하기 버튼을 클릭하면 빛은 x좌표 −118, y좌표 −18에 위치한다.
• 키보드의 스페이스 키를 입력하면 마법사가 나무를 향해 빛을 쏜다.
(1) 마법사가 "얍!" 이라고 말한다.
(2) 빛은 나무에 닿을 때까지 이동방향으로 5만큼씩 계속 반복하여 이동한다.
• 빛이 나무에 닿으면 '변신' 신호를 보내고 모양을 숨긴다.
• 나무는 '변신' 신호를 받으면 나무_2 모양과 150 크기로 바뀐다.

6. 좌우로 이동하는 꽃게를 클릭하면 하트가 생기도록, 아래 〈조건〉에 맞게 코딩하시오. (10점)

〈조건〉
• 엔트리 프로그램 화면 [블록 꾸러미]에서 필요한 블록을 가져다 사용한다.
• ▶ 시작하기 버튼을 클릭하면 꽃게는 하트는 모양을 숨긴다.
• 꽃게는 화면의 좌우로 계속 이동하고, 꽃게를 클릭하면 꽃게는 하트를 3개 만든다.
(1) 꽃게는 0.2초 마다 이동방향으로 10만큼 계속 반복하여 이동한다.
(2) 계속 이동하다가 화면 끝에 닿으면 튕긴다.
(3) 꽃게를 클릭하면 0.1초 마다 하트를 3번 반복하여 복제한다.
• 하트가 복제되면 꽃게의 위치에서 나타난다.
• 하트는 화면 끝에 닿을 때까지 y좌표를 8만큼 계속 반복하여 이동한 후 사라진다.

7. 버튼을 클릭할때마다 물고기가 나타나도록, 아래 〈조건〉에 맞게 코딩하시오. (10점)

〈조건〉
• 엔트리 프로그램 화면 [블록 꾸러미]에서 필요한 블록을 가져다 사용한다.
• ▶ 시작하기 버튼을 클릭하면 물고기는 모양을 숨긴다.
• 추가버튼을 클릭하면 물고기를 복제한다.
• 물고기가 나타나서 바닷속을 헤엄친다.
(1) 1~3 모양으로 바꾸고 방향을 −180~180도로 보며 추가버튼 위치에서 나타난다.
(2) 이동방향으로 5만큼 100번 반복하여 이동하다가 화면 끝에 닿으면 튕긴다.
(3) 100번 반복 후엔 사라진다.

8. 축구공이 길을 따라 이동하여 목적지에 도착하도록, 아래 〈조건〉에 맞게 코딩하시오. (10점)

〈조건〉
• 엔트리 프로그램 화면 [블록 꾸러미]에서 필요한 블록을 가져다 사용한다.
• ▶ 시작하기 버튼을 클릭하면 축구공은 흰색 길을 따라 목적지까지 이동한다.
(1) 목적지에 닿을 때까지 이동방향으로 2만큼 계속 반복하여 이동한다.
(2) 회색 길로 가면 이동방향으로 −15만큼 이동하고 시계방향으로 270도 만큼 회전한다.
(3) 목적지에 도착하면 '도착' 신호를 보낸다.
• 목적지는 '도착' 신호를 받으면 목적지_2 모양으로 바꾼다.

9. 자동차가 목적지까지 가는 길을 LED로 표시하려 한다. 〈보기〉를 참고하여 〈문제〉의 빈 칸을 완성하시오. (10점)

│ 보기 │

〈숫자코드 표〉

10진수	2진수	10진수	2진수
0	0000	5	0101
1	0001	6	0110
2	0010	7	0111
3	0011	8	1000
4	0100	9	1001

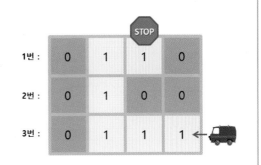

〈각 행의 출력 값〉

행번호	제어
1행	6
2행	4
3행	7

가. 핀 1번, 2번, 3번의 출력 값을 통해 LED를 켜서 이동 가능한 길을 표시한다.

나. 0값이 설정되면 LED를 끄고, 1값이 설정되면 LED를 켠다.

다. 작동원리 : 핀 1번의 출력 값은 6이고, 이를 2진수로 변환한 값(0110)을 통해 LED의 동작을 제어한다.

※ <u>아래 자동차가 목적지까지 갈 수 있는 방법을 생각해보자.</u>

〈각 행의 출력 값〉

행번호	제어
1행	7
2행	(①)
3행	(②)

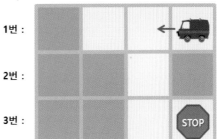

문제
※ 답안 작성 요령 : 〈보기〉를 참고하여, ①과 ②를 채워 넣으시오.

– 2행의 출력 값은 얼마인가?	①
– 3행의 출력 값은 얼마인가?	②

10. 경준이는 휴대폰에 탑재되어 있는 다양한 센서들을 이용하여 휴대폰에 여러 기능들을 설정해두었다. 〈보기〉를 참고하여 〈문제〉의 빈 칸을 완성하시오. (10점)

보기

〈스마트폰에 내장된 센서들〉

종류	기능
근접센서	물체와의 거리를 인식하여 가까이에 있는 정도를 판단하는 센서
밝기센서	주변의 빛의 밝기 정도를 감지하여 동작하는 센서
지문인식센서	사용자의 손가락 지문을 입력받아 데이터를 미리 저장하여 사용자의 본인 여부를 판단할 때 사용하는 센서
모션센서	스마트폰이나 다른 물체의 움직임을 인식하여 작동하는 센서

문제
※ 답안 작성 요령 : 〈보기〉를 참고하여, ①과 ②를 채워 넣으시오.

– 경준이는 통화가 어려운 상황에서 전화가 왔을 때, 스마트폰을 엎어두면 전화벨이 울리지 않도록 하는 기능을 이용하고 있다. 이때 사용하는 센서는 무엇인가?	①
– 경준이는 평소에 화면 잠금 기능을 설정해두었다. 스마트폰을 이용할 때에는 스마트폰의 홈 버튼에 검지를 꾹눌렀다가 떼면 화면 잠금이 해제되어 스마트폰을 이용할 수 있다. 이때 사용하는 센서는 무엇인가?	②

시험 종료 전,

- 본인의 수험번호–성명 폴더 내에 작업한 답안 파일이 정상적으로 저장되었는지 확인합니다. → 시험 종료 후, 감독관이 답안파일을 수거합니다.
- 수험번호, 성명을 잘못 기재하였거나, 답안 파일을 잘못 저장하여 발생한 문제나 불이익에 대한 일체의 책임은 수험자에게 있습니다.
- 감독관의 안내에 따라 시험지를 제출하고 퇴실합니다.

SW코딩자격(2급)-모의고사(5회)
Software Coding and Computing Test

SW	시험시간	급수	응시일	수험번호	성명
Entry 1.3.5	45분	2	년 월 일		

수험자 유의사항

- 수험자는 감독관의 안내에 따라 문제지와 시험용 SW 등의 이상 여부를 확인해야 합니다.
- 시험지는 시험이 끝난 후 답안지와 함께 제출해야 하며, 미제출 시 실격 처리 됩니다.
- 제한된 시간 내에 시험을 완료하여야 합니다.
- 시험 시작 후에는 화장실 출입이 불가하며, 시험 시간 중에는 퇴실할 수 없습니다.
- 시험 시간 중 고사실 내에서 휴대 전화기, 디지털카메라, MP3 등 전자 기기를 소지한 경우, 해당자의 시험을 무효로 처리하오니 절대 휴대하지 않도록 합니다.
- 부정 응시 및 문제 유출에 해당하는 행위 즉, 답안을 타인에게 전달 및 외부로 반출하는 경우, 자격기본법 제 32조에 의거 부정행위로 간주되어 해당자의 시험을 무효처리하며 민/형사상의 책임을 물을 수 있습니다.

답안 작성요령

- 답안 작성 절차
    - 바탕화면(Desktop) / SW2-시험 / 수험번호-성명 / 파일에 답안을 작성 또는 작업 후 저장
- 시험을 완료한 수험자는 감독관의 안내에 따라 ①시험지를 제출하고 ②답안파일을 저장한 후 퇴실합니다.

The Insight KPC
kpc 한국생산성본부

1. 서준이는 '하드웨어와 소프트웨어'에 대한 설명을 읽고, 그 내용을 도식화하였다. 〈보기〉를 참고하여 〈문제〉의 빈 칸을 완성하시오. (10점)

┤ 보기 ├

〈하드웨어와 소프트웨어〉

우리 생활 곳곳에 스며들어 있는 컴퓨터에 대해 알아보자. 컴퓨터는 하드웨어와 소프트웨어로 나뉜다.

먼저, 우리 눈에 보이는 물리적인 장치들을 하드웨어라고 하며, 키보드, 모니터, 마우스, 프린터 등을 예로 들 수 있다.

소프트웨어는 이런 하드웨어 안에서 사용하는 프로그램들을 말한다. 우리가 흔히 쓰는 소프트웨어에는 문서를 작성할 수 있는 한글, 엑셀, 파워포인트 등의 문서 프로그램과, 알고리즘을 코딩 할 수 있는 스크래치와 엔트리 같은 코딩 프로그램이 있다.

이 밖에도 우리는 항상 다양한 하드웨어와 소프트웨어들을 사용하고 있다.

〈도식화〉

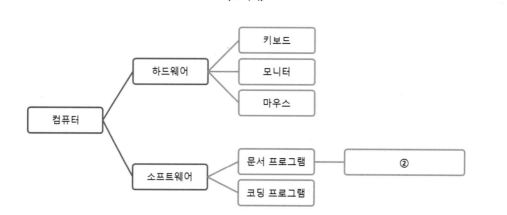

문제
※ 답안 작성 요령 : 〈보기〉를 참고하여, ①과 ②를 채워 넣으시오.

– 컴퓨팅 사고력 중, 〈보기〉처럼 설명을 도식화 한 방법을 무엇이라 하는가?	①
– ②에 들어갈 '문서 프로그램'의 종류를 나열하시오.	②

2. 각 그림에는 규칙이 있다. 〈보기〉를 참고하여 〈문제〉의 빈 칸을 완성하시오. (10점)

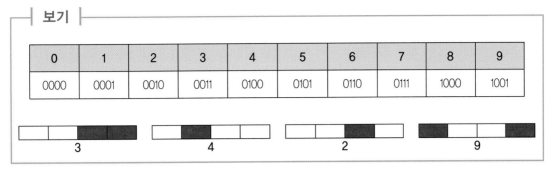

0	1	2	3	4	5	6	7	8	9
0000	0001	0010	0011	0100	0101	0110	0111	1000	1001

문제	
※ 답안 작성 요령 : 〈보기〉를 참고하여, ①과 ②를 채워 넣으시오.	
– 숫자 '5'의 세 번째 칸의 색깔은?	①
– 숫자 '8'의 첫 번째 칸의 색깔은?	②

3. 지호는 체육시간에 허들 30개를 넘어서 A+성적을 받았다. 〈보기〉를 참고하여 〈문제〉의 빈 칸을 완성하시오. (10점)

┤ 보기 ├

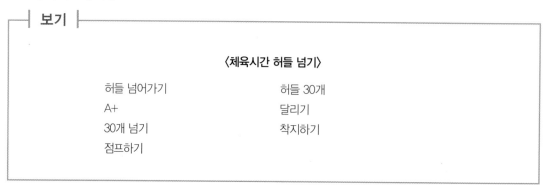

〈체육시간 허들 넘기〉

허들 넘어가기   허들 30개
A+   달리기
30개 넘기   착지하기
점프하기

문제

※ 답안 작성 요령 : 〈보기〉를 참고하여 작성하되, 〈체육시간 허들 넘기〉에서 적절한 내용을 골라 빈 칸 ① ~⑤를 채워 넣으시오.

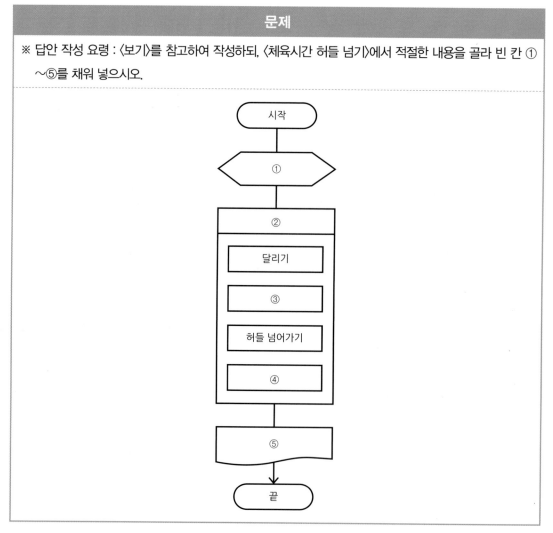

프로그래밍 작업 가이드

- 바탕화면(Desktop) / SW2-시험
- 수험번호-성명 폴더를 마우스 오른쪽 버튼으로 클릭한 후, [이름 바꾸기]를 클릭 → 본인의 수험번호-성명으로 수정하시오.
- 본인의 수험번호-성명으로 수정된 폴더 안의 파일을 문항 별로 더블클릭하여 프로그램을 실행합니다.
- 문항 별 조건에 따라 작업을 완료하였으면, 파일)저장하기 버튼을 클릭하여 저장합니다.

4. 다이버가 물고기를 따라 다니도록, 아래 〈조건〉에 맞게 코딩하시오. (10점)

〈조건〉
• 엔트리 프로그램 화면 [블록 꾸러미]에서 필요한 블록을 가져다 사용한다.
• ▶ 시작하기 버튼을 클릭하면 다이버는 x좌표 -155, y좌표 87에 위치한다.
• 다이버는 1초 기다린 후, 물고기 쪽을 보며 이동방향으로 2만큼 계속 반복하여 이동한다.
• 물고기는 65 크기로 나타나고, 마우스 포인터 쪽을 보며 이동방향으로 5만큼 300번 반복하여 이동한다.
• 300번 반복 후엔 모든 코드를 멈춘다.

5. 원하는 초시간 동안 캐시가 춤을 추도록, 아래 〈조건〉에 맞게 코딩하시오. (10점)

〈조건〉
• 엔트리 프로그램 화면 [블록 꾸러미]에서 필요한 블록을 가져다 사용한다.
• ▶ 시작하기 버튼을 클릭하면 예서는 "몇 초 동안 춤을 출까요?" 라고 묻고 기다린 후, '춤추기' 신호를 보낸다.
• 1초 마다 다음 모양으로 대답 수만큼 반복하여 바꾸고, 반복 후엔 모든 코드를 멈춘다.
• 가랜드는 '춤추기' 신호를 받으면 0.2초 마다 다음 모양으로 '색깔' 효과를 5만큼 계속 반복하여 바꾼다.

6. 토끼가 축구공을 차서 홈에 들어가도록, 아래 〈조건〉에 맞게 코딩하시오. (10점)

〈조건〉

- 엔트리 프로그램 화면 [블록 꾸러미]에서 필요한 블록을 가져다 사용한다.
- ▶ 시작하기 버튼을 클릭하면 토끼는 키보드의 왼쪽 화살표 키를 입력하면 반시계방향으로 5도 만큼 회전하고, 오른쪽 화살표 키를 입력하면 시계방향으로 5도 만큼 회전한다.
- 키보드의 스페이스 키를 입력하면 '공차기' 신호를 보낸 후, 토끼_2 모양으로 바꾼다.
- 축구공은 '공차기' 신호를 받으면 화면의 벽에 닿을 때까지 이동방향을 토끼의 방향으로 10만큼 계속 반복하여 이동하다가, 홈에 닿으면 '성공' 신호를 보내고 모양을 숨긴다.
- 토끼가 '성공' 신호를 받으면 "골인!!" 이라고 1초 동안 말한다.

7. 엔트리봇이 돌멩이를 피해 점프하도록, 아래 〈조건〉에 맞게 코딩하시오. (10점)

〈조건〉

- 엔트리 프로그램 화면 [블록 꾸러미]에서 필요한 블록을 가져다 사용한다.
- ▶ 시작하기 버튼을 클릭하면 돌멩이는 x좌표 175, y좌표 −100 위치한다.
- 돌멩이는 '속도' 변수를 생성하여 3으로 정한 후 숨긴다.
- 돌멩이가 엔트리봇 쪽으로 다가온다.
  - (1) 돌멩이는 왼쪽으로 '속도'만큼 계속 반복하여 이동한다.
  - (2) 돌멩이가 화면 끝에 닿으면 '속도'를 1만큼 바꾸고, 다시 처음 위치로 이동한다.
- 엔트리봇은 돌멩이를 피해 점프를 한다.
  - (1) 키보드의 스페이스 키를 입력하면 엔트리봇은 엔트리봇_2 모양으로 바꾼다.
  - (2) 0.1초 마다 30만큼 5번 반복하여 올라갔다가, 다시 0.1초 마다 30만큼 5번 반복하여 내려온 후 엔트리봇_1 모양으로 바꾼다.
- 엔트리봇이 돌멩이에 부딪히면 모든 코드를 멈춘다.

8. 강아지가 뛰어가다가 축구공을 차도록, 아래 〈조건〉에 맞게 코딩하시오. (10점)

〈조건〉

- 엔트리 프로그램 화면 [블록 꾸러미]에서 필요한 블록을 가져다 사용한다.
- ▶ 시작하기 버튼을 클릭하면 강아지가 잔디밭을 계속 뛰어간다.
  - (1) 0.2초 마다 다음 모양으로 바꾼다.
  - (2) 0.2초 마다 이동방향으로 15만큼 계속 반복하여 이동한다.
  - (3) 화면 끝에 닿으면 모든 코드를 종료한다.
- 축구공이 강아지에 닿으면 1초 동안 x좌표 135, y좌표 −100 위치로 이동한다.

9. 핀에 출력된 값을 통해 LED램프를 켜거나 끌 수 있다. 〈보기〉를 참고하여 〈문제〉의 빈 칸을 완성하시오. (10점)

| 보기 |

〈디지털 핀 값〉

출력 값	LED on / LED off			
0	off	off	off	off
1	off	off	off	on
2	off	off	on	off

〈숫자코드 표〉

10진수	2진수	10진수	2진수
0	0000	5	0101
1	0001	6	0110
2	0010	7	0111
3	0011	8	1000
4	0100	9	1001

〈작동원리〉

핀의 출력 값 확인

⋮

출력 값을 2진수로 변환

⋮

전기신호 ① : LED on
전기신호 0 : LED off

⋮

LED 램프에 빛 출력

문제
※ 답안 작성 요령 : 〈보기〉를 참고하여, ①과 ②를 채워 넣으시오.

– ① 에 들어갈 값은?	①
–	off	on	off	on	와 같이 불이 켜졌을 때, 출력 값은 얼마인가?	②

10. 우리가 사용하는 스마트폰에는 다양한 센서들이 있어 여러 기능들을 이용할 수 있다. 〈보기〉를 참고하여 〈문제〉의 빈 칸을 완성하시오. (10점)

┤ 보기 ├

> **〈스마트폰에 내장된 다양한 센서〉**
>
> 온도센서, 기울임센서, 조도센서, 자기장센서,
> 소리센서, 근접센서, 지문인식센서 등

가. (①) 센서를 이용한 화면 밝기 설정

스마트폰 화면의 밝기를 설정할 때 '자동 밝기'를 선택하면, 자동으로 빛이 많은 밝은 곳에서는 화면의 밝기를 더 밝게, 빛이 적은 어두운 곳에서는 화면의 밝기를 어둡게 설정한다.

나. (②) 센서를 이용한 전화 받기 설정

전화가 왔을 때 굳이 통화 버튼을 누르지 않아도, 스마트폰을 사용자의 귀에 대면 곧바로 통화를 시작할 수 있다.

문제	
※ 답안 작성 요령 : 〈보기〉를 참고하여, ①과 ②를 채워 넣으시오.	
가. 에서 설명하고 있는 센서의 종류는?	①
나. 에서 설명하고 있는 센서의 종류는?	②

시험 종료 전,

- 본인의 수험번호–성명 폴더 내에 작업한 답안 파일이 정상적으로 저장되었는지 확인합니다. → 시험 종료 후, 감독관이 답안파일을 수거합니다.
- 수험번호, 성명을 잘못 기재하였거나, 답안 파일을 잘못 저장하여 발생한 문제나 불이익에 대한 일체의 책임은 수험자에게 있습니다.
- 감독관의 안내에 따라 시험지를 제출하고 퇴실합니다.

SW코딩자격(2급)-모의고사(6회)
Software Coding and Computing Test

SW	시험시간	급수	응시일	수험번호	성명
Entry 1,3,5	45분	2	년 월 일		

수험자 유의사항

- 수험자는 감독관의 안내에 따라 문제지와 시험용 SW 등의 이상 여부를 확인해야 합니다.
- 시험지는 시험이 끝난 후 답안지와 함께 제출해야 하며, 미제출 시 실격 처리 됩니다.
- 제한된 시간 내에 시험을 완료하여야 합니다.
- 시험 시작 후에는 화장실 출입이 불가하며, 시험 시간 중에는 퇴실할 수 없습니다.
- 시험 시간 중 고사실 내에서 휴대 전화기, 디지털카메라, MP3 등 전자 기기를 소지한 경우, 해당자의 시험을 무효로 처리하오니 절대 휴대하지 않도록 합니다.
- 부정 응시 및 문제 유출에 해당하는 행위 즉, 답안을 타인에게 전달 및 외부로 반출하는 경우, 자격기본법 제 32조에 의거 부정행위로 간주되어 해당자의 시험을 무효처리하며 민/형사상의 책임을 물을 수 있습니다.

답안 작성요령

- **답안 작성 절차**
  - 바탕화면(Desktop) / SW2-시험 / 수험번호-성명 / 파일에 답안을 작성 또는 작업 후 저장
- 시험을 완료한 수험자는 감독관의 안내에 따라 ①시험지를 제출하고 ②답안파일을 저장한 후 퇴실합니다.

The Insight KPC
kpc 한국생산성본부

1. 하은이는 평소 휴대폰에 잠금 설정을 해서 다른 사람이 자신의 휴대폰을 볼 수 없도록 설정해두었다. 〈보기〉를 참고하여 〈문제〉의 빈 칸을 완성하시오. (10점)

┤ 보기 ├

〈화면 잠금 종류〉

종류	잠금 해제 방법
슬라이드	손가락으로 화면을 밀어내어 잠금을 해제
얼굴인식	카메라로 사용자의 얼굴을 인식하여 판별 후, 등록된 사용자가 맞으면 잠금을 해제
패턴설정	화면에 보이는 점을 따라 패턴을 그려 잠금을 해제
노크코드	4분할 된 화면의 공간을 차례로 클릭하여 잠금을 해제
비밀번호(숫자만)	미리 설정한 숫자를 입력하여 잠금을 해제
비밀번호(숫자+문자)	미리 설정한 숫자와 문자의 조합을 입력하여 잠금을 해제

※ 규칙 : 하은이의 휴대폰 잠금 설정을 해제하기 위해서는 9개점 중 6개의 점을 한 번에 이어야 한다. 그리고 한번 지나간 점은 다시 지나가지 않는다.

문제

※ 답안 작성 요령 : 〈보기〉를 참고하여, ①과 ②를 채워 넣으시오.

– 하은이의 휴대폰 잠금 설정 종류는 무엇인가?	①
– 다음 중 하은이가 설정한 잠금 해제 방법은? 가. 나. 다.	②

2. 우영이의 생일은 8월 6일이다. 그리고 우영이네 가족들의 생일은 모두 8월이다. 〈보기〉를 참고하여 〈문제〉의 빈 칸을 완성하시오. (10점)

---| **보기** |--

〈영우네 가족 생일〉

1. 다음 주 화요일은 우영이의 생일이다.
2. 누나의 생일은 광복절 전날인 수요일이다.
3. 아버지 생신은 우영이 생일과 같은 주 목요일이다.
4. 어머니 생신은 누나 생일의 다다음날이다.

〈문제 분해〉

가족	생일	요일
아버지	①	목요일
어머니	누나생일+2	②
누나	15일-1	수요일
우영이	6일	화요일

문제
※ 답안 작성 요령 : 〈보기〉를 참고하여, ①과 ②를 채워 넣으시오.

- 아버지 생신은 8월 며칠인가?	①
- 어머니 생신은 무슨 요일인가?	②

3. 유권이는 3만원으로 동생과 피자를 시켜먹기로 했다. 돈이 남으면 토핑을 추가해서 시키기로 하였다. 전화 주문을 하는데, 통화가 안 되면 온라인으로 주문하기로 했다. 〈보기〉를 참고하여 〈문제〉의 빈 칸을 완성하시오. (10점)

┤ 보기 ├

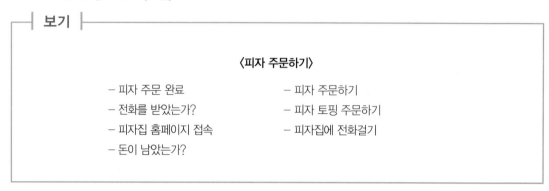

〈피자 주문하기〉

- 피자 주문 완료   - 피자 주문하기
- 전화를 받았는가?   - 피자 토핑 주문하기
- 피자집 홈페이지 접속   - 피자집에 전화걸기
- 돈이 남았는가?

문제

※ 답안 작성 요령 : 〈보기〉를 참고하여 작성하되, 〈피자 주문하기〉에서 적절한 내용을 골라 빈 칸 ①~⑤를 채워 넣으시오.

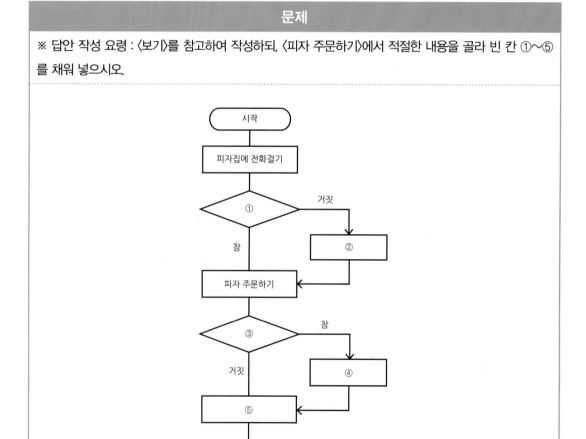

프로그래밍 작업 가이드

- 바탕화면(Desktop) / SW2-시험
- 수험번호-성명 폴더를 마우스 오른쪽 버튼으로 클릭한 후, [이름 바꾸기]를 클릭 → 본인의 수험번호-성명으로 수정하시오.
- 본인의 수험번호-성명으로 수정된 폴더 안의 파일을 문항 별로 더블클릭하여 프로그램을 실행합니다.
- 문항 별 조건에 따라 작업을 완료하였으면, 파일〉저장하기 버튼을 클릭하여 저장합니다.

4. 강아지와 여우가 달리기 경주를 하도록, 아래 〈조건〉에 맞게 코딩하시오. (10점)

〈조건〉
• 엔트리 프로그램 화면 [블록 꾸러미]에서 필요한 블록을 가져다 사용한다.
• ▶ 시작하기 버튼을 클릭하면 강아지는 x좌표 −172, y좌표 −65에 위치하고, 여우는 x좌표 −165, y좌표 60에 위치한다.
• 키보드의 스페이스 키를 입력하면 '달리기' 신호를 보낸다.
• 강아지가 '달리기' 신호를 받으면 0.1초 마다 모양을 바꾸며 이동방향으로 8만큼 45번 반복하여 이동한다.
• 여우가 '달리기' 신호를 받으면 0.1초 마다 모양을 바꾸며 이동방향으로 10만큼 35번 반복하여 이동한다.
• 강아지와 여우는 각각 달리기가 끝나면 "도착"을 말한다.

5. 비가내린 후 무지개가 뜨도록, 아래 〈조건〉에 맞게 코딩하시오. (10점)

〈조건〉
• 엔트리 프로그램 화면 [블록 꾸러미]에서 필요한 블록을 가져다 사용한다.
• ▶ 시작하기 버튼을 클릭하면 무지개는 모양을 숨긴다.
• 먹구름이 이동하면서 비가 내린다.
(1) 먹구름이 1초 마다 이동방향으로 80만큼 5번 반복하여 이동한다.
(2) 비가 먹구름 위치에서 0.1초 기다린 후, 1초 동안 y좌표를 −16 위치로 계속 반복하여 이동한다.
(3) 먹구름이 '비그침' 신호를 보낸 뒤 모양을 숨기고, 비도 '비그침' 신호를 받으면 모양을 숨긴다.
• 무지개는 '비그침' 방송을 받으면 '투명도' 효과를 100으로 바꾸고 나타난다.
• '투명도' 효과를 −1만큼 100번 반복하여 바꾼다.

6. 헤엄치는 오징어의 속도를 조절할 수 있도록, 아래 〈조건〉에 맞게 코딩하시오. (10점)

〈조건〉

- 엔트리 프로그램 화면 [블록 꾸러미]에서 필요한 블록을 가져다 사용한다.
- ▶ 시작하기 버튼을 클릭하면 오징어는 '속도' 변수를 생성하여 10으로 정한다.
- 오징어는 모양을 바꿔가며 바닷속을 자유롭게 이동한다.
  - (1) '모양변경' 신호를 보낸 후, 0.1초 마다 시계방향으로 3도 만큼 회전하며 이동방향으로 '속도' 만큼 계속 반복하여 이동한다.
  - (3) 오징어는 화면 끝에 닿으면 튕긴다.
  - (2) '모양변경' 신호를 받으면, 0.5초 마다 계속 모양을 바꾼다.
- 키보드의 위쪽 화살표 키를 입력하면 '속도'를 2만큼 올리고, 키보드의 아래쪽 화살표를 키를 입력하면 '속도'를 2만큼 줄인다.

7. 로켓과 별을 클릭한 횟수만큼 변수 값이 변하도록, 아래 〈조건〉에 맞게 코딩하시오. (10점)

〈조건〉

- 엔트리 프로그램 화면 [블록 꾸러미]에서 필요한 블록을 가져다 사용한다.
- ▶ 시작하기 버튼을 클릭하면 별은 0.1초 마다 '색깔' 효과를 5만큼 계속 반복하여 바꾼다.
- 로켓은 '클릭값' 변수를 생성하여 0으로 정한다.
- 로켓이 회전하며 이동한다.
  - (1) 방향을 45도씩 200번 반복하여 회전한다.
  - (2) 1초 동안 x좌표 −175~175, y좌표 −105~105 위치로 200번 반복하여 이동한다.
  - (3) 200번 반복 후엔 모든 코드를 멈춘다.
- 로켓을 클릭하면 '클릭값'을 1만큼 바꾸고, 별을 클릭하면 −1만큼 바꾼다.

8. 눈 내리는 배경을 만들어 펭귄이 점프를 하도록, 아래 〈조건〉에 맞게 코딩하시오. (10점)

〈조건〉

- 엔트리 프로그램 화면 [블록 꾸러미]에서 필요한 블록을 가져다 사용한다.
- '점프' 라는 함수를 생성하여, 펭귄이 점프하는 동작을 만든다.
  - (1) 0.2초 마다 y좌표를 150만큼 바꿨다가 다시 −150만큼 바꾼다.
  - (2) (1)의 동작을 3번 반복한다.
- ▶ 시작하기 버튼을 클릭하면 펭귄은 1초 동안 x좌표 −155, y좌표 −70 위치로 이동하여 점프한 후, 다시 1초 동안 x좌표 155, y좌표 −70 위치로 이동하여 점프하기를 20번 반복한다.
- 20번 반복 후엔 모든 코드를 멈춘다.
- 눈은 마우스 포인터 위치로 계속 반복하여 이동하고, 마우스를 클릭할때마다 자신(눈)을 복제한다.
- 복제되면 0.1초 마다 y좌표를 2만큼 20번 반복하여 내린 후 사라진다.

9. 찬수가 주차를 하고 있다. 〈보기〉를 참고하여 〈문제〉의 빈 칸을 완성하시오. (10점)

---| 보기 |---

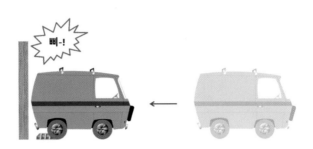

삐-!

가. 찬수는 주차를 하던 중에, 〈보기〉처럼 차가 벽에 부딪힐 것처럼 가까이 가니까 "삐-!" 하고 경보음이 울렸다. 찬수는 다시 차를 앞으로 움직인 후, 다시 한 번 차가 벽에 닿지 않도록 조심히 하며 주차를 완료 하였다.

나. 찬수가 주차를 하고 주차장을 관찰해보니 공통점들이 있었다. 주차가 되어 있는 공간 위에는 빨간색 불이 켜져 있었고, 주차가 되어 있지 않는 빈 공간에는 초록색 불이 켜져 있던 것이다. 이렇게 최근에는 주차장에서 빈 공간을 쉽게 찾을 수 있도록, 주차 유무에 따라 빛의 색상을 다르게 밝혀 표시한다.

문제	
※ 답안 작성 요령 : 〈보기〉를 참고하여, ①과 ②를 채워 넣으시오.	
– 가.의 상황에서 쓰인 센서는 다음 중 무엇인가? 예) 소리센서, 열센서, 거리센서, 빛센서	①

– 나. 의 경우 ○센서를 이용해 자동차(물체)가 공간에 들어옴을 감지하여 이 정보를 ☆출력 장치에 전달해 불빛을 출력한다. 다음 중 나. 상황에 쓰인 센서와 출력 장치가 알맞게 연결된 것은 무엇인가?
 	
  A. 초음파센서 – LED   B. 진동센서 – DC모터
 	
  C. 소리센서 – 스피커   D. 빛센서 – 서보모터
	②

10. 상우는 화재경보기를 만들어보았다. 〈보기〉를 참고하여 〈문제〉의 빈 칸을 완성하시오. (10점)

┤ 보기 ├

〈화재경보기 주요구성〉

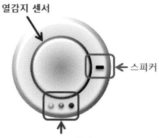

열감지 센서

← 스피커

- LED 램프
- 위험수준에 따른 LED 색 변경
- 주의 ● → 위험 ● → 경보 ●

가. 열감지 센서를 통해 열을 감지한다.

나. 열을 감지하면 화재경보기에 신호를 보내 경보음을 울린다.

다. 열감지 센서로 정보를 입력받아 LED를 켜기 위해 신호를 보낸다.

라. 전기 신호는 0과 1 두 가지이다.

마. 열이 감지되어 LED가 켜졌다.

문제
※ 답안 작성 요령 : 〈보기〉를 참고하여, ①과 ②를 채워 넣으시오.

– 센서의 정보를 화재경보기로 보내고 화재경보기는 액추에이터로 명령을 보내 경보음을 울린다. 여기서 말하는 액추에이터는 무엇인가?	①
– 보기에 밑줄 친 부분의 전기 신호 값은 무엇인가?	②

시험 종료 전,

- 본인의 수험번호–성명 폴더 내에 작업한 답안 파일이 정상적으로 저장되었는지 확인합니다. → 시험 종료 후, 감독관이 답안파일을 수거합니다.
- 수험번호, 성명을 잘못 기재하였거나, 답안 파일을 잘못 저장하여 발생한 문제나 불이익에 대한 일체의 책임은 수험자에게 있습니다.
- 감독관의 안내에 따라 시험지를 제출하고 퇴실합니다.

SW코딩자격(2급)–모의고사(7회)
Software Coding and Computing Test

SW	시험시간	급수	응시일	수험번호	성명
Entry 1,3,5	45분	2	년 월 일		

수험자 유의사항

- 수험자는 감독관의 안내에 따라 문제지와 시험용 SW 등의 이상 여부를 확인해야 합니다.
- 시험지는 시험이 끝난 후 답안지와 함께 제출해야 하며, 미제출 시 실격 처리 됩니다.
- 제한된 시간 내에 시험을 완료하여야 합니다.
- 시험 시작 후에는 화장실 출입이 불가하며, 시험 시간 중에는 퇴실할 수 없습니다.
- 시험 시간 중 고사실 내에서 휴대 전화기, 디지털카메라, MP3 등 전자 기기를 소지한 경우, 해당자의 시험을 무효로 처리하오니 절대 휴대하지 않도록 합니다.
- 부정 응시 및 문제 유출에 해당하는 행위 즉, 답안을 타인에게 전달 및 외부로 반출하는 경우, 자격기본법 제 32조에 의거 부정행위로 간주되어 해당자의 시험을 무효처리하며 민/형사상의 책임을 물을 수 있습니다.

답안 작성요령

- **답안 작성 절차**
  - 바탕화면(Desktop) / SW2–시험 / 수험번호–성명 / 파일에 답안을 작성 또는 작업 후 저장
- 시험을 완료한 수험자는 감독관의 안내에 따라 ①시험지를 제출하고 ②답안파일을 저장한 후 퇴실합니다.

The Insight KPC
kpc 한국생산성본부

1. 지훈이네 집 근처에는 '예림천' 역이 있고, 지훈이가 다니는 학교는 '온새미로' 역에 있다. 〈보기〉를 참고하여 〈문제〉의 빈 칸을 완성하시오. (10점)

┤ 보기 ├

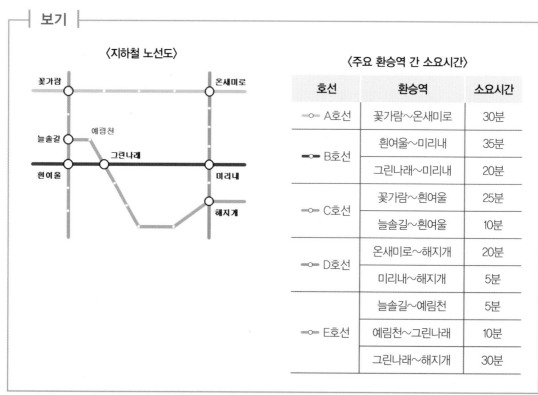

〈지하철 노선도〉

〈주요 환승역 간 소요시간〉

호선	환승역	소요시간
A호선	꽃가람~온새미로	30분
B호선	흰여울~미리내	35분
	그린나래~미리내	20분
C호선	꽃가람~흰여울	25분
	늘솔길~흰여울	10분
D호선	온새미로~해지개	20분
	미리내~해지개	5분
E호선	늘솔길~예림천	5분
	예림천~그린나래	10분
	그린나래~해지개	30분

문제
※ 답안 작성 요령 : 〈보기〉를 참고하여, ①과 ②를 채워 넣으시오.

– 집에서 학교까지 갈 때, 가장 짧게 걸리는 소요시간은?	①
– 집에서 학교까지 딱 한번만 환승하는 경우, 지훈이가 타야하는 지하철은 각각 몇 호선인가?	②

2.

〈보기〉의 수식에는 공통된 규칙이 있다. 〈보기〉를 참고하여 〈문제〉의 빈 칸을 완성하시오. (10점)

┤ 보기 ├

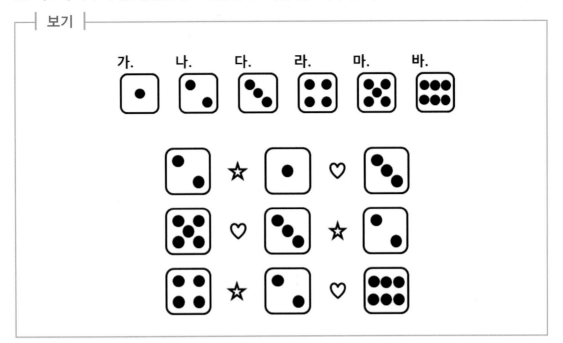

문제
※ 답안 작성 요령 : 〈보기〉를 참고하여, ①과 ②를 채워 넣으시오.

– ♡기호가 의미하는 수학기호는 무엇인가?	①
– ② 에 들어갈 주사위는 무엇인가?	②

3. 준경이는 학습 사이트에 접속하려 한다. 로그인 시, ID를 정확하게 입력하면 '접속 성공', ID를 5번 틀리면 '접속 불가' 메시지 창이 뜬다. 〈보기〉를 참고하여 〈문제〉의 빈 칸을 완성하시오. (10점)

┤ 보기 ├

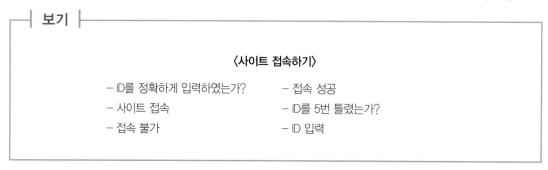

〈사이트 접속하기〉

– ID를 정확하게 입력하였는가?　　– 접속 성공
– 사이트 접속　　　　　　　　　　– ID를 5번 틀렸는가?
– 접속 불가　　　　　　　　　　　– ID 입력

문제

※ 답안 작성 요령 : 〈보기〉를 참고하여 작성하되, 〈사이트 접속하기〉에서 적절한 내용을 골라 빈 칸 ①～⑤를 채워 넣으시오.

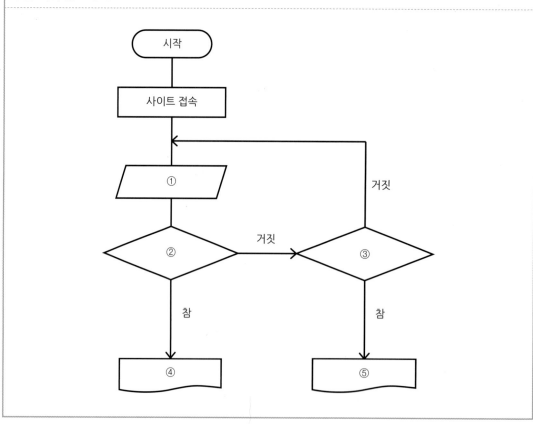

프로그래밍 작업 가이드

- 바탕화면(Desktop) / SW2-시험
- 수험번호-성명 폴더를 마우스 오른쪽 버튼으로 클릭한 후, [이름 바꾸기]를 클릭 → 본인의 수험번호-성명으로 수정하시오.
- 본인의 수험번호-성명으로 수정된 폴더 안의 파일을 문항 별로 더블클릭하여 프로그램을 실행합니다.
- 문항 별 조건에 따라 작업을 완료하였으면, 파일〉저장하기 버튼을 클릭하여 저장합니다.

---

4. 5초 후 불꽃놀이가 시작되도록, 아래 〈조건〉에 맞게 코딩하시오. (10점)

〈조건〉
• 엔트리 프로그램 화면 [블록 꾸러미]에서 필요한 블록을 가져다 사용한다.
• ▶ 시작하기 버튼을 클릭하면 불꽃은 모양을 숨긴다.
• 초는 0.1초 마다 다음 모양으로 5번 반복하여 바꾼 후, '불꽃놀이' 방송을 하고 모양을 숨긴다.
• 불꽃은 '불꽃놀이' 방송을 받으면 나타나고, 크기가 150보다 클 때까지 크기를 5만큼 계속 반복하여 바꾼다.

---

5. 슈퍼에서 장을 보고 구매한 총금액을 알 수 있도록, 아래 〈조건〉에 맞게 코딩하시오. (10점)

〈조건〉
• 엔트리 프로그램 화면 [블록 꾸러미]에서 필요한 블록을 가져다 사용한다.
• ▶ 시작하기 버튼을 클릭하면 카트는 '총금액' 변수를 생성하여 0으로 정하고 숨긴다.
• 음식들을 각각 클릭하면 카트에 담아지고, '총금액'을 각각의 음식 값만큼 더한다.
• 음식 선택이 끝나 구매를 클릭하면 "['총금액']원 입니다." 라고 3초 동안 말한다.
(예) 8500원 입니다.

6. 물고기가 이동하다가 산소를 먹으면 생명력을 얻고 바위에 닿으면 생명력을 잃도록, 아래 〈조건〉에 맞게 코딩하시오. (10점)

<조건>

- 엔트리 프로그램 화면 [블록 꾸러미]에서 필요한 블록을 가져다 사용한다.
- ▶ 시작하기 버튼을 클릭하면 물고기는 생명력 변수를 생성하여 5로 정한다.
- 물고기는 마우스 포인터를 따라 이동방향으로 2만큼 계속 반복하여 이동한다.
- 산소를 먹으면 '생명력'이 1만큼 증가하고, 바위에 부딪히면 '생명력'이 1만큼 감소한다.
- 산소나 바위에 닿으면 x좌표 0, y좌표 0 위치로 이동한다.

7. 소피가 목적지까지 가고 걸린 시간을 말하도록, 아래 〈조건〉에 맞게 코딩하시오. (10점)

<조건>

- 엔트리 프로그램 화면 [블록 꾸러미]에서 필요한 블록을 가져다 사용한다.
- ▶ 시작하기 버튼을 클릭하면 소피는 초시계를 초기화 한다.
- 초시계를 시작하고, 소피는 마우스 포인터를 따라 목적지를 향해 이동한다.
  (1) 목적지에 닿을 때까지 마우스 포인터를 따라 이동방향으로 2만큼 계속 반복하여 이동한다.
  (2) 미로의 주황색 벽돌에 닿으면 다시 처음 위치로 이동한다.
- 목적지에 도착하면 "목적지까지 걸린 시간(초) : [타이머의 반올림 값]" 이라고 2초 동안 말한다.

(예) 목적지까지 걸린 시간(초) : 32

8. 주문로봇이 주문을 받고 주문한 메뉴를 다시 확인하도록, 아래 〈조건〉에 맞게 코딩하시오. (10점)

<조건>

- 엔트리 프로그램 화면 [블록 꾸러미]에서 필요한 블록을 가져다 사용한다.
- ▶ 시작하기 버튼을 클릭하면 '주문서' 리스트를 생성하여 리스트 항목을 모두 비운다.
- 주문로봇이 "무엇을 주문 하시겠습니까? (주문완료: no입력)" 이라고 계속 반복하여 묻는다.
- 물을때마다 입력한 대답을 '주문서'에 차례로 추가한다.
- 대답을 "no" 라고 입력하면 주문로봇은 '주문확인' 신호를 보내고 질문을 종료한다.
- 주문로봇이 '주문확인' 신호를 받으면 "['주문서' 항목 수]개의 메뉴를 주문하셨습니다." 라고 4초 동안 말한다.

(예) 3개의 메뉴를 주문하셨습니다.

9. 피지컬 보드를 이용하여 다음과 같이 개체를 움직일 수 있는 게임 컨트롤러를 만들었다. 〈보기〉를 참고하여 〈문제〉의 빈 칸을 완성하시오. (10점)

| 보기 |

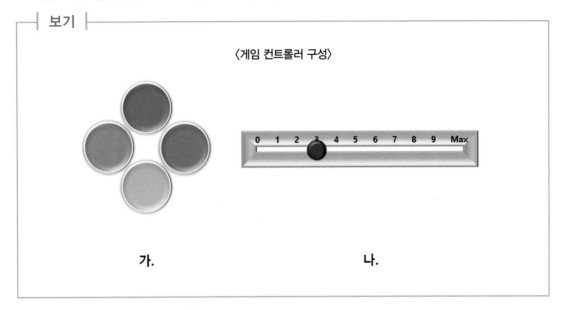

〈게임 컨트롤러 구성〉

가.   나.

문제
※ 답안 작성 요령 : 〈보기〉를 참고하여, ①과 ②를 채워 넣으시오.

– 가. 는 (①)센서를 이용하여 누르면 개체의 방향을 제어한다.	①
– 나. 는 (②)센서를 이용하여 값을 조절해 개체의 속도를 설정한다.	②

10. 소은이는 피지컬 컴퓨팅을 통해 미니 선풍기를 제작하고 실험해보았다. 〈보기〉를 참고하여 〈문제〉의 빈 칸을 완성하시오. (10점)

┤ 보기 ├

〈선풍기 알고리즘〉

가. 선풍기를 작은 방에 놓는다.

나. 방의 온도가 30도 이상이면 선풍기가 켜진다.

다. 선풍기가 켜지면 선풍기 날개가 시계방향으로 15만큼씩 회전한다.

라. 방의 온도가 30도보다 낮아지거나 수동으로 버튼을 누르면 선풍기를 끌 수 있다.

문제	
※ 답안 작성 요령 : 〈보기〉를 참고하여, ①과 ②를 채워 넣으시오.	
– 아래 들어갈 <u>비교연산</u>은 무엇인가? * 현재 방의 온도 (①) 30 일 때, 선풍기가 켜진다.	①
– 아래 준비물 중, 미니 선풍기 제작과 관계없는 것은 무엇인가? 준비물) 온도센서, 버튼센서, 슬라이더, DC모터, 선풍기 날개	②

시험 종료 전,

- 본인의 수험번호–성명 폴더 내에 작업한 답안 파일이 정상적으로 저장되었는지 확인합니다. → 시험 종료 후, 감독관이 답안파일을 수거합니다.
- 수험번호, 성명을 잘못 기재하였거나, 답안 파일을 잘못 저장하여 발생한 문제나 불이익에 대한 일체의 책임은 수험자에게 있습니다.
- 감독관의 안내에 따라 시험지를 제출하고 퇴실합니다.

실전 모의고사 해답

문제1	① 3597 ② 0011 0101 1001 0111

문제2	① 3 ② 9

문제3	① 헬스장 도착 ② 상체근력운동 1세트 ③ 10분 동안 런닝머신 달리기 ④ 3번 반복 ⑤ 하체근력운동 1세트

문제4

새

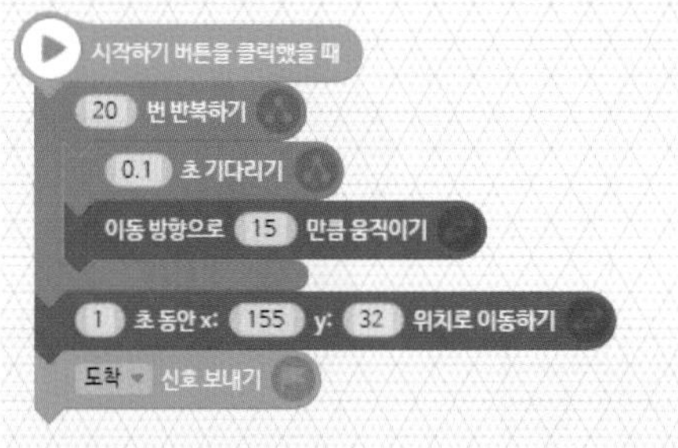

사과

문제5

노란새

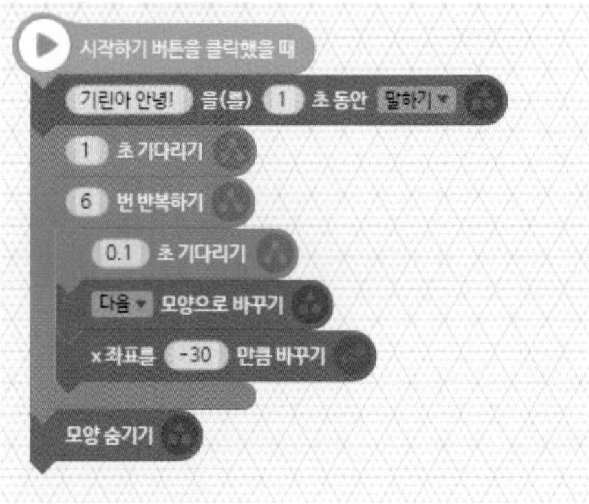

기린

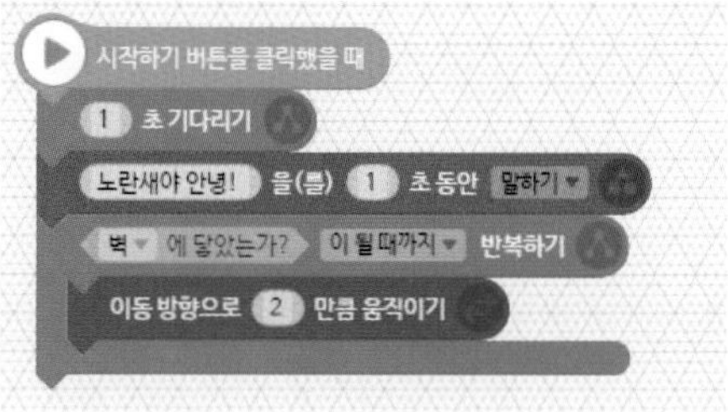

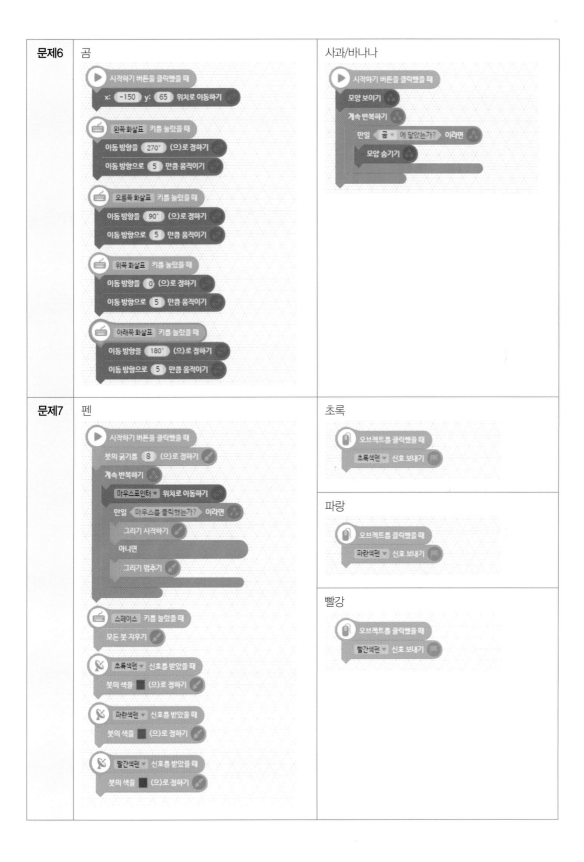

문제6	곰	사과/바나나
	시작하기 버튼을 클릭했을 때 x: -150 y: 65 위치로 이동하기 왼쪽 화살표 키를 눌렀을 때 이동 방향을 270° (으)로 정하기 이동 방향으로 5 만큼 움직이기 오른쪽 화살표 키를 눌렀을 때 이동 방향을 90° (으)로 정하기 이동 방향으로 5 만큼 움직이기 위쪽 화살표 키를 눌렀을 때 이동 방향을 0 (으)로 정하기 이동 방향으로 5 만큼 움직이기 아래쪽 화살표 키를 눌렀을 때 이동 방향을 180° (으)로 정하기 이동 방향으로 5 만큼 움직이기	시작하기 버튼을 클릭했을 때 모양 보이기 계속 반복하기 만일 곰 에 닿았는가? 이라면 모양 숨기기

문제7	펜	
	시작하기 버튼을 클릭했을 때 붓의 굵기를 8 (으)로 정하기 계속 반복하기 마우스포인터 위치로 이동하기 만일 마우스를 클릭했는가? 이라면 그리기 시작하기 아니면 그리기 멈추기 스페이스 키를 눌렀을 때 모든 붓 지우기 초록색펜 신호를 받았을 때 붓의 색을 ■ (으)로 정하기 파란색펜 신호를 받았을 때 붓의 색을 ■ (으)로 정하기 빨간색펜 신호를 받았을 때 붓의 색을 ■ (으)로 정하기	**초록** 오브젝트를 클릭했을 때 초록색펜 신호 보내기 **파랑** 오브젝트를 클릭했을 때 파란색펜 신호 보내기 **빨강** 오브젝트를 클릭했을 때 빨간색펜 신호 보내기

문제8	별

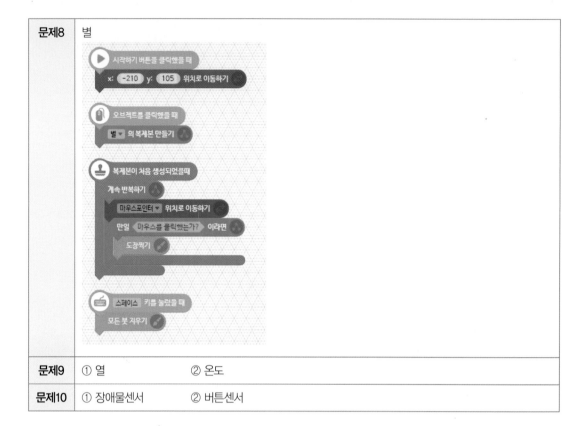

문제9	① 열　　　　　　　　② 온도
문제10	① 장애물센서　　　　② 버튼센서

문제1	① 자료수집 ② Q4. 가는 방법에 대해서 지도에 표시를 해보자.
문제2	① 3, 8 ② 020
문제3	① 주사위A, 주사위B 준비 ② 주사위A 〉 주사위B ③ 우영이가 이김 ④ 우영이와 윤성이가 서로 비김 ⑤ 윤성이가 이김
문제4	박쥐
문제5	로켓 엔트리봇

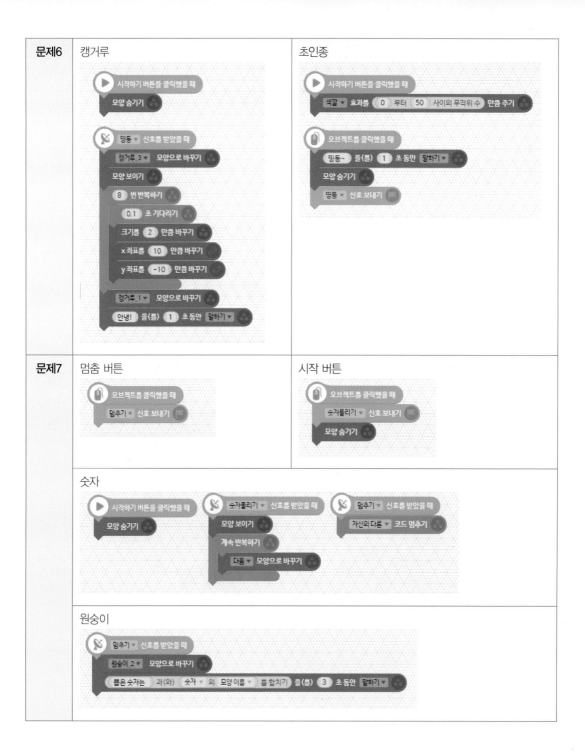

문제6	캥거루	초인종

멈춤 버튼 / 시작 버튼 / 숫자 / 원숭이 blocks (문제7)

문제8	비밀번호	접속가능

문제9	① 다	② 온도센서
문제10	① 온도	② 나. 난방기가 꺼져있다.

문제1	① CAKE (또는 케이크) ② 8177
문제2	① 1 ② 7
문제3	① 선물 고르기 ② 선물에 어울리는 포장지와 리본 사기 ③ 2번 반복하기 ④ 선물 포장하기 ⑤ 친구들에게 선물 주기
문제4	엔트리봇 시작하기 버튼을 클릭했을 때 x: 0 y: -55 위치로 이동하기 왼쪽 화살표 키를 눌렀을 때 엔트리봇 1 ▼ 모양으로 바꾸기 x좌표를 -5 만큼 바꾸기 오른쪽 화살표 키를 눌렀을 때 엔트리봇 2 ▼ 모양으로 바꾸기 x좌표를 5 만큼 바꾸기 스페이스 키를 눌렀을 때 y좌표를 100 만큼 바꾸기 0.2 초 기다리기 y좌표를 -100 만큼 바꾸기
문제5	마법사 시작하기 버튼을 클릭했을 때 유령아 사라져라! 을(를) 말하기 ▼

별

시작하기 버튼을 클릭했을 때
계속 반복하기
이동 방향으로 5 만큼 움직이기

별숨기기 ▼ 신호를 받았을 때
모양 숨기기

유령

시작하기 버튼을 클릭했을 때
별 ▼ 에 닿았는가? 이 될 때까지 ▼ 반복하기
0.1 초 기다리기
이동 방향으로 -2 만큼 움직이기

별숨기기 ▼ 신호 보내기
투명도 ▼ 효과를 50 (으)로 정하기

문제6	물고기	상어

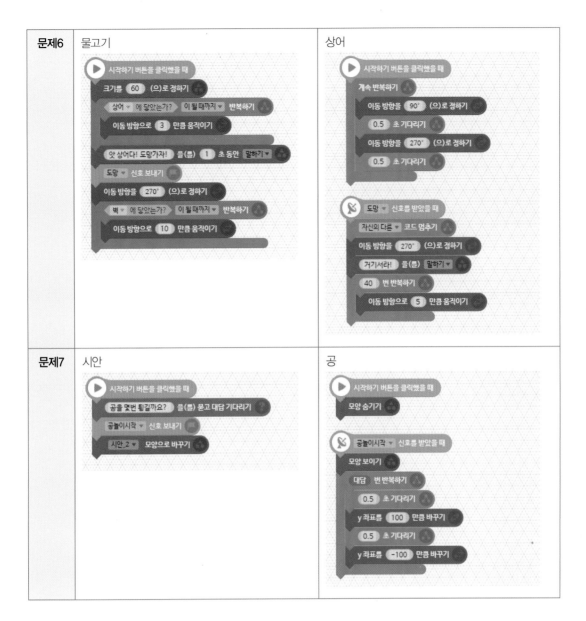

물고기

시작하기 버튼을 클릭했을 때
크기를 `60` (으)로 정하기
`상어` 에 닿았는가? 이 될 때까지 반복하기
　이동 방향으로 `3` 만큼 움직이기
`앗 상어다! 도망가자!` 을(를) `1` 초 동안 `말하기`
`도망` 신호 보내기
이동 방향을 `270°` (으)로 정하기
`벽` 에 닿았는가? 이 될 때까지 반복하기
　이동 방향으로 `10` 만큼 움직이기

상어

시작하기 버튼을 클릭했을 때
계속 반복하기
　이동 방향을 `90°` (으)로 정하기
　`0.5` 초 기다리기
　이동 방향을 `270°` (으)로 정하기
　`0.5` 초 기다리기

`도망` 신호를 받았을 때
자신의 `다른` 코드 멈추기
이동 방향을 `270°` (으)로 정하기
`거기서라!` 을(를) `말하기`
`40` 번 반복하기
　이동 방향으로 `5` 만큼 움직이기

문제7	시안	공

시안

시작하기 버튼을 클릭했을 때
`공을 몇번 튕길까요?` 을(를) 묻고 대답 기다리기
`공놀이시작` 신호 보내기
`시안_2` 모양으로 바꾸기

공

시작하기 버튼을 클릭했을 때
모양 숨기기

`공놀이시작` 신호를 받았을 때
모양 보이기
`대답` 번 반복하기
　`0.5` 초 기다리기
　y 좌표를 `100` 만큼 바꾸기
　`0.5` 초 기다리기
　y 좌표를 `-100` 만큼 바꾸기

문제8	거북이 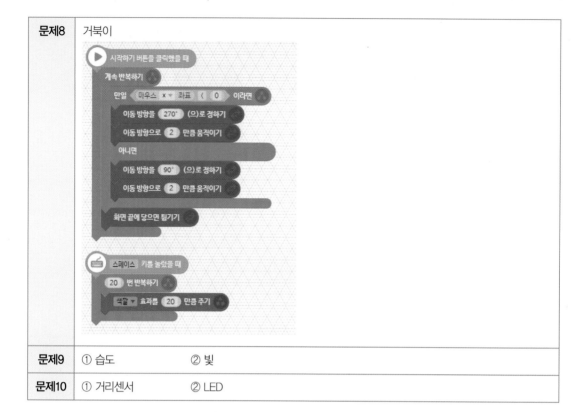
문제9	① 습도 ② 빛
문제10	① 거리센서 ② LED

문제1	① 여름	② 쇠도끼, 금도끼, 은도끼
문제2	① 빨강버스	② ┏━
문제3	① 집에서 출발하기 ② 비가 오는가? ③ 버스타기 ④ 걸어가기 ⑤ 학교 도착	

문제4

피아노

```
시작하기 버튼을 클릭했을 때
x: 160 y: -90 위치로 이동하기

오브젝트를 클릭했을 때
춤추기 신호 보내기
다음 모양으로 바꾸기
```

피겨선수

```
춤추기 신호를 받았을 때
다음 모양으로 바꾸기
y좌표를 50 만큼 바꾸기
0.1 초 기다리기
y좌표를 -50 만큼 바꾸기
0.1 초 기다리기
```

문제5

마법사

```
스페이스 키를 눌렀을 때
얍! 을(를) 말하기
```

나무

```
변신 신호를 받았을 때
나무_2 모양으로 바꾸기
크기를 150 (으)로 정하기
```

빛

```
시작하기 버튼을 클릭했을 때
x: -118 y: -18 위치로 이동하기

스페이스 키를 눌렀을 때
나무 에 닿았는가? 이 될 때까지 반복하기
  이동 방향으로 5 만큼 움직이기
변신 신호 보내기
모양 숨기기
```

문제6

꽃게

```
시작하기 버튼을 클릭했을 때
계속 반복하기
  0.2 초 기다리기
  이동 방향으로 10 만큼 움직이기
  화면 끝에 닿으면 튕기기

오브젝트를 클릭했을 때
3 번 반복하기
  0.1 초 기다리기
  하트 의 복제본 만들기
```

하트

```
시작하기 버튼을 클릭했을 때
모양 숨기기

복제본이 처음 생성되었을때
꽃게 위치로 이동하기
모양 보이기
벽 에 닿았는가? 이 될때까지 반복하기
  y좌표를 8 만큼 바꾸기
이 복제본 삭제하기
```

문제7	물고기 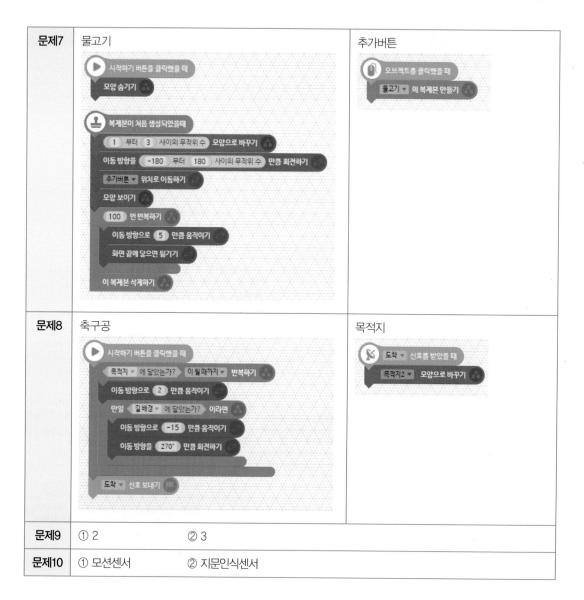	추가버튼
문제8	축구공	목적지
문제9	① 2	② 3
문제10	① 모션센서	② 지문인식센서

문제1	① 자료표현	② 한글, 엑셀, 파워포인트
문제2	① 흰색	② 빨간색

문제3	① 허들 30개 ② 30개 넘기 ③ 점프하기 ④ 착지하기 ⑤ A+

문제4	다이버	물고기

문제5	예서	가랜드

문제6	토끼	축구공

문제7	엔트리봇 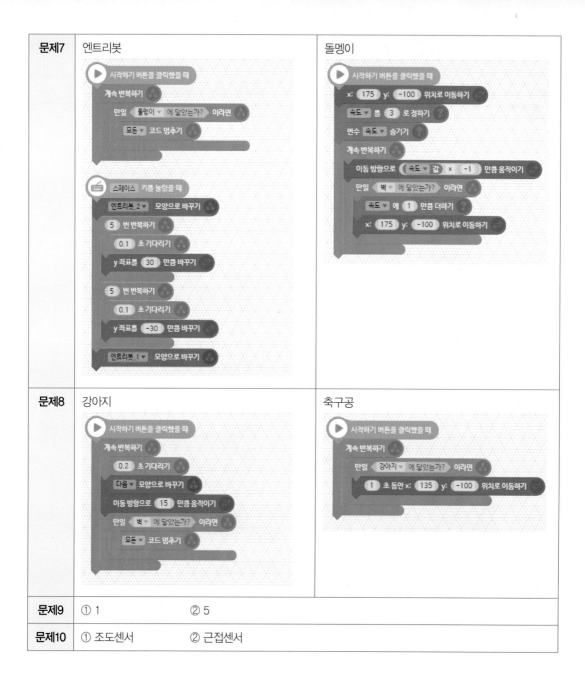	돌멩이
문제8	강아지	축구공
문제9	① 1	② 5
문제10	① 조도센서	② 근접센서

문제1	① 패턴설정 ② 나
문제2	① 8 ② 금요일
문제3	① 전화를 받았는가? ② 피자 집 홈페이지 접속 ③ 돈이 남았는가? ④ 피자 토핑 주문하기 ⑤ 피자 주문 완료

문제4	강아지	여우

강아지

- 시작하기 버튼을 클릭했을 때
- x: -172 y: -65 위치로 이동하기
- 스페이스 키를 눌렀을 때
  - 달리기 신호 보내기
- 달리기 신호를 받았을 때
  - 45 번 반복하기
    - 0.1 초 기다리기
    - 다음 모양으로 바꾸기
    - 이동 방향으로 8 만큼 움직이기
  - 도착 을(를) 말하기

여우

- 시작하기 버튼을 클릭했을 때
- x: -165 y: 60 위치로 이동하기
- 달리기 신호를 받았을 때
  - 35 번 반복하기
    - 0.1 초 기다리기
    - 다음 모양으로 바꾸기
    - 이동 방향으로 10 만큼 움직이기
  - 도착 을(를) 말하기

문제5	먹구름	무지개

먹구름

- 시작하기 버튼을 클릭했을 때
  - 5 번 반복하기
    - 1 초 기다리기
    - 이동 방향으로 80 만큼 움직이기
  - 비그침 신호 보내기
  - 모양 숨기기

무지개

- 시작하기 버튼을 클릭했을 때
  - 모양 숨기기
- 비그침 신호를 받았을 때
  - 투명도 효과를 100 (으)로 정하기
  - 모양 보이기
  - 100 번 반복하기
    - 투명도 효과를 -1 만큼 주기

	비 ▶ 시작하기 버튼을 클릭했을 때 계속 반복하기 　믹구름▼ 위치로 이동하기 　0.1 초 기다리기 　1 초 동안 x: 비▼ 의 x좌푯값 y: -16 위치로 이동하기 📡 비그침▼ 신호를 받았을 때 모양 숨기기
문제6	오징어 ▶ 시작하기 버튼을 클릭했을 때 속도▼ 를 10 로 정하기 모양변경▼ 신호 보내기 계속 반복하기 　0.1 초 기다리기 　이동 방향으로 속도▼ 값 만큼 움직이기 　이동 방향을 3° 만큼 회전하기 　화면 끝에 닿으면 튕기기 ⌨ 위쪽 화살표 키를 눌렀을 때 속도▼ 에 2 만큼 더하기 ⌨ 아래쪽 화살표 키를 눌렀을 때 속도▼ 에 -2 만큼 더하기
문제7	로켓 ▶ 시작하기 버튼을 클릭했을 때 클릭값▼ 를 0 로 정하기 200 번 반복하기 　방향을 45° 만큼 회전하기 　1 초 동안 x: -175 부터 175 사이의 무작위 수 y: -105 부터 105 사이의 무작위 수 위치로 이동하기 모든▼ 코드 멈추기 🖱 오브젝트를 클릭했을 때 클릭값▼ 에 1 만큼 더하기

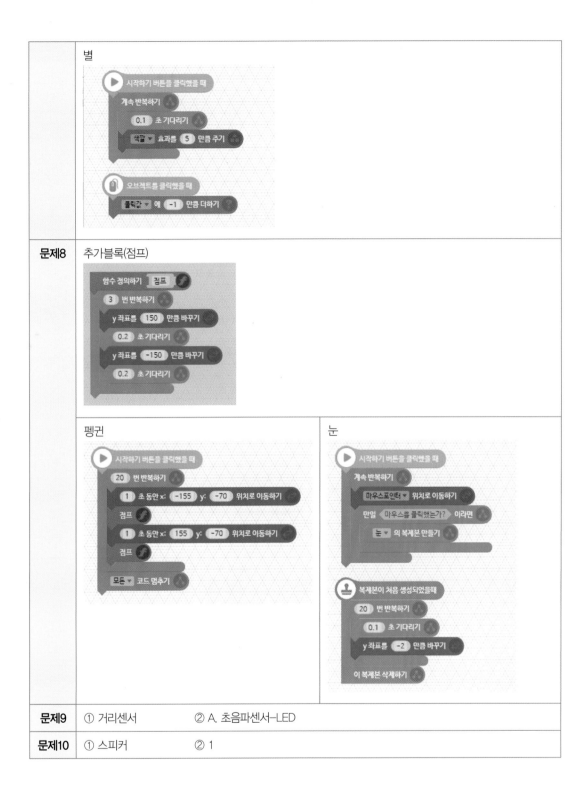

	별
문제8	추가블록(점프)
	펭귄 / 눈
문제9	① 거리센서 ② A. 초음파센서–LED
문제10	① 스피커 ② 1

문제1	① 45분 (예림천 → 그린나래 → 미리내 → 온새미로 = 10+20+15)　　② E호선, D호선	
문제2	① − (빼기)　　　　② 나.	
문제3	① ID 입력 ② ID를 정확하게 입력하였는가? ③ ID를 5번 틀렸는가? ④ 접속 성공 ⑤ 접속 불가	

문제4

초

시작하기 버튼을 클릭했을 때
5 번 반복하기
　1 초 기다리기
　다음 ▼ 모양으로 바꾸기
불꽃놀이 ▼ 신호 보내기
모양 숨기기

불꽃

시작하기 버튼을 클릭했을 때
모양 숨기기

불꽃놀이 ▼ 신호를 받았을 때
모양 보이기
불꽃 ▼ 의 크기 ▼ ＞ 150 이 될 때까지 ▼ 반복하기
　크기를 5 만큼 바꾸기

문제5

귤

오브젝트를 클릭했을 때
카트 ▼ 위치로 이동하기
총금액 ▼ 에 3500 만큼 더하기

딸기

오브젝트를 클릭했을 때
카트 ▼ 위치로 이동하기
총금액 ▼ 에 2000 만큼 더하기

바나나

오브젝트를 클릭했을 때
카트 ▼ 위치로 이동하기
총금액 ▼ 에 5000 만큼 더하기

케이크

오브젝트를 클릭했을 때
카트 ▼ 위치로 이동하기
총금액 ▼ 에 12500 만큼 더하기

카트

시작하기 버튼을 클릭했을 때
총금액 ▼ 를 0 로 정하기
변수 총금액 ▼ 숨기기

구매

오브젝트를 클릭했을 때
총금액 ▼ 값 과(와) 원 입니다. 를 합치기 을(를) 3 초 동안 말하기 ▼

문제6	물고기

시작하기 버튼을 클릭했을 때
생명력 ▼ 를 5 로 정하기
계속 반복하기
　마우스포인터 ▼ 쪽 바라보기
　이동 방향으로 2 만큼 움직이기
　만일 산소 ▼ 에 닿았는가? 이라면
　　생명력 ▼ 에 1 만큼 더하기
　　x: 0 y: 0 위치로 이동하기

　만일 바위 ▼ 에 닿았는가? 이라면
　　생명력 ▼ 에 -1 만큼 더하기
　　x: 0 y: 0 위치로 이동하기

문제7	소피

시작하기 버튼을 클릭했을 때
초시계 초기화하기 ▼
초시계 시작하기 ▼
목적지 ▼ 에 닿았는가? 이 될 때까지 ▼ 반복하기
　마우스포인터 ▼ 쪽 바라보기
　이동 방향으로 2 만큼 움직이기
　만일 미로(4) ▼ 에 닿았는가? 이라면
　　x: -202 y: 75 위치로 이동하기
목적지까지 걸린 시간(초) : 과(와) 초시계 값 와 반올림값 ▼ 을 합치기 을(를) 2 초 동안 말하기 ▼

문제8	주문로봇

시작하기 버튼을 클릭했을 때
대답 숨기기 ▼
계속 반복하기
　무엇을 주문 하시겠습니까? (주문완료: no입력) 을(를) 묻고 대답 기다리기
　만일 대답 = no 이라면
　　주문확인 ▼ 신호 보내기
　　이 ▼ 코드 멈추기
　대답 항목을 주문서 ▼ 에 추가하기

주문확인 ▼ 신호를 받았을 때
주문서 ▼ 항목 수 과(와) 개의 메뉴를 주문하셨습니다. 를 합치기 을(를) 4 초 동안 말하기 ▼

문제9	① 버튼센서	② 슬라이더센서
문제10	① >=	② 슬라이더